한글 교실

전경애 수필집

 한글 교실

초판 1쇄 발행 2024년 11월 25일

지은이 전경애
펴낸이 이상규
편 집 이원영 김윤정
펴낸곳 에세이문학출판부

출판등록 2006년 9월 4일 제2006-000121호
주소 03134 서울시 종로구 돈화문로 10길 9, 405호(봉익동, 온녕빌딩)
전화 02-747-3508・3509   팩스 02-3675-4528
이메일 essaypark@hanmail.net

ⓒ 2024 전경애
값 16,000원
ISBN 979-11-90629-43-0 03810

*이 책은 강원특별자치도, 강원문화재단 후원으로 발간되었습니다.
*저자와의 합의하에 인지는 생략합니다.
*잘못된 책은 바꿔드립니다.

전경애 수필집

가나다 한글 교실

에세이문학출판부

| 책을 펴내며 |

아름다움은 쉬 지나가고 손바닥에서 스르륵 빠져나가 형체가 없습니다. 치열했던 시간도 고통의 상처도 흔적 없이 사라지는 것을 감당할 수 없어 글을 씁니다. 내가 있는 것은 나를 거쳐 간 많은 이들이 있었기에 성장할 수 있었습니다.

문해교사로 활동한 지 여러 해가 지나갑니다. 어느 날 한글을 배우기 위해 교실 문을 수백 번 열고 들어오는 어르신들의 설렘과 떨리는 마음들이 내 속으로 파고들었습니다. 지혜로운 그분들이 저에게 수많은 글감을 주셨습니다. 부족한 글이 펼쳐지는 것이 매우 조심스럽지만 한글 바라기를 하며 세상으로 나아가려는 분들께 용기를 드리고 싶습니다.

글을 쓸 수 있도록 늘 채근하며 해설을 써주신 권석순 교수님께 깊이 감사드리며, 나의 지지자 멘토가 되어준 남편, 아들 승유, 인유에게도 고마움을 전합니다. 흩어진 글들을 모아 어여쁜 조각보로 엮어준 에세이문학출판사에도 깊이 감사드립니다.

  수필에서 삶과 글은 분리될 수 없듯이 다시 내 삶 속에 살아 있는 글을 빚기 위해 옷매무새를 고쳐봅니다.

사랑하는 이들에게
부끄러운 고백을 담아 첫 수필집을 내어놓습니다.

2024년 늦은 가을
전 경 애

| 차례 |

- 책을 펴내며 4
- 작품 해설 　진솔한 삶이 육화된 언어의 집
  _권석순(문학박사) 226

1. 골목 안 수채화

11월의 연가　13
밥 먹고 합시다　17
기억 창고　21
꽃길 따라　25
해우촌 동민이　31
골목 안 수채화　37
지혜학교　42
아버지를 추억하다　46
하루만 다녀가세요　51
밤(栗) 베개　56

2. 봄날의 편지

오디를 따다 65
우산 70
가나다 한글 교실 1 75
가나다 한글 교실 2 79
손맛 84
봄날의 편지 89
길 위에서 길을 찾다 95
쑥국 100
봄마중 105
어머니의 땅 109

3. 빗장을 열다

외투 117
비 오는 날의 풍경 124
두 번째 만남 129
묵호 137
보길도에서 140
안개가 걷히기 전 145
희망의 씨앗 151
거울 · 158
심곡리의 여름 162
빗장을 열다 167

4. 치유의 시간

안녕, 나의 집 175
발에 대한 단상 180
봄을 만지다 184
도서관에서 논다 189
골든타임 193
닮은 미소 199
들깨를 털다 204
부드럽고 단단한 길 209
유년의 바다 213
치유의 시간 219

1. 골목 안 수채화

- 11월의 연가
- 밥 먹고 합시다
- 기억 창고
- 꽃길 따라
- 해우촌 동민이
- 골목 안 수채화
- 지혜학교
- 아버지를 추억하다
- 하루만 다녀가세요
- 밤(栗) 베개

11월의 연가

물매화 향기가 바람을 타고 전해오는 11월.

언제부터인가 이 계절이 스멀스멀 내게로 안겨왔다.

코끝으로 스치고 가는 쌉쌀한 바람 한 줄은 담백한 맛 그대로이다.

추수가 끝난 허허로운 들녘은 때 지난 허수아비와 미처 거두지 못한 나락을 쪼아 먹는 참새 떼의 놀이터다. 털다 만 콩 무더기를 접어두고 노부부는 농주 한 사발에 수고로운 땀을 훔쳐낸다. 고단한 주름 위로 말 없는 평화가 스친다. 멀리 새어 나온 불빛에선 저녁 짓는 연기가 피어나고, 들판에서 감을 따던 아이들은 하나둘 엄마의 정겨운 목소리에 돌아들 간다. 텅 비어버린 나무 사이로 늦은 가을 그림자가 내려오는데, 이 아름다움에 잠시 길을 잃는다.

아이들이 두고 간 긴 장대를 감나무에 걸쳐본다. 황혼에 비껴선 주홍빛 물감들이 툭툭 터져 쏟아져 내리는 11월!

지난주엔 친구와 오랜만에 산을 찾았다. 쓴소리도 기쁘게 받아주는 친구는 내 전화 한 통에 달려 나왔다. 아무런 준비 없이 그저 길을 나선 우리에게 11월 그 산은, 복잡하게 얽힌 내 영혼의 실마리를 하나씩 하나씩 풀어주었다. 이미 잎이 떨어진 나무 아래로 발목이 푹푹 빠질 듯 쌓인 낙엽 길은 그저 감탄 그 자체였다. 낙엽을 태우던 옛 시인도 지금 이런 마음이었을까. 우리는 오르던 걸음을 잠시 멈추고 그 낙엽 위에 누웠다. 내 몸이 낙엽 속으로 스르르 빨려 들어가는 것 같았다. 사람의 말소리가 드문드문 들리고 자작나무 뻗은 사이로 구름이 살짝 걸쳐 있는 풍경의 모습이 내 얼굴 위로 내려왔다.

"어떤 시인이 자연이 주는 이 풍경에 언어의 빛깔을 담을 수 있을까? 나도 저 낙엽에 둘둘 말아 한 사나흘 있었으면…."

나의 객기에 친구는 웃으며, 영혼이 맑은 산에 우리같이 세상 때가 묻은 사람들이 흔적을 남겨서는 안 된다는 뼈 있는 질책을 했다. 해거름에 그 산을 두고 내려옴이 못내 아쉬워 시간이 앗아갈 것 같은 풍경의 사진들을 마음의 카메라에 담아보았다. 그 계절 속에 나와 의미 있는 동그라미 하나 더 그려 넣었다.

결혼식 날 어머니는 "입동이 지난 날이 이리도 포근하니 하나님 복이다. 잘 살거라." 하시며 절값으로 알밤 한아름을 던져주면서 해맑게 웃어주시던 11월이 내게는 감사의 계절이다.

커다란 불덩이를 쏟아내는 시간들이 10월이라면, 완숙된 열매를 다 주고 껍질만 수북이 받아들이며 서서히 식혀가는 시간들이 11월이다.

빼곡히 채우며 화려했던 그 시간들을 고즈넉이 내려놓으며 처연하게 가는 11월이 나의 옷매무새를 다시 여미게 하며, 오래도록 되돌아보게 한다.

밥 먹고 합시다

　보글보글 밥이 끓는다. 장작은 타들어 가고 해넘이 달은 감나무에 걸리고 모를 심던 일손은 밥으로 몰려든다. 어머니의 손놀림이 바빠진다. 지폈던 아궁이 불을 꺼내고 가마솥 밥이 뜸 들여지는 동안 아이 숯불에 고등어를 얹고 굽기 시작한다. 나물을 무쳐내고 자반고등어도 익어가고 묵은지 숭숭 썰어 놓으면 하얀 이밥 냄새가 코끝으로 풍겨온다. 고슬고슬한 이밥을 고봉 가득 담아내면 일하던 아저씨들은 흐뭇하게 입안 가득 한 수저의 밥을 퍼 올린다. 노동의 땀방울은 밥으로 평화롭게 스며든다.

오래전 그 밥은 먼 길을 돌아 내게 왔다.

아버지의 늦은 귀가로 어머니는 놋그릇에 한 그릇 밥을 정성스럽게 담고 아랫목에 이불을 덮고 아버지를 기다린다. 별이 총총 어둠 위로 내리면 둘둘 만 고등어 한 손 끼고 저만치 골목 어귀에서부터 아버지의 발소리가 들린다.

이불 속에서 얼굴만 내어놓고 그 발걸음 소리를 센다. 하나, 둘…. 언제나 기침 한 번 하고 대문을 열고 들어오는 아버지 시간은 이미 어둠도 가릴 만큼 지났지만, 어머니는 다시 생선을 굽고 식은 국을 데우고 아랫목에 품어두었던 밥을 꺼낸다. 뚜껑 속에서 김이 올라온다. 달그락달그락 아버지 수저 소리를 들으며 나는 긴 잠 속으로 들어가 꿈을 꾼다.

내가 봉사하는 YWCA에서는 "얘들아 밥 먹자"라는

프로젝트를 진행했다. 아침을 거의 먹지 않고 등교하는 청소년들에게 주먹밥 나누어주는 운동이다. 어둠이 채 가시기 전 모인 회원들은 잠을 깨우면서 고슬고슬 맛나게 밥을 지었다. 지은 밥에 멸치, 소고기 야채 등 영양 재료를 듬뿍 넣고 꼭꼭 눌러 모양을 만들어 희망하는 학교로 싣고 날랐다.

동트는 해가 아침을 알리면 아이들이 교문으로 쏟아져 들어왔다. "얘들아, 밥 먹자."를 외치며 금방 만든 따끈한 주먹밥과 우유를 건네주면 감사하다고 인사를 꾸벅하고 함박 미소를 지으며 뛰어갔다.

언제부턴가 이 밥은 개수대 속으로 사라지고 눈칫밥이 되었고 식탁 위에서 천덕꾸러기가 되어간다. 한 끼의 식사가 소중했던 지난날은 끼니 때울 음식이 없어 한숨이었다. 밥보다 달콤한 것이 지천으로 널린 오늘날은 밀려나는 밥 때문에 한숨이다.

타지에 나가 있는 아들에게 문자를 보낸다.

'밥은 평화다. 전쟁을 치르던 아군과 적군 사이도 밥

먹는 시간은 휴전이다. 밥은 너의 두뇌와 마음을 진정시켜 준단다. 굶지 말고 꼭 밥 먹고 다니자.'

답장이 왔다.

'걱정 마세요. 굶지 않고 잘 먹고 다닐게요. 엄마도 잘 지내세요.'

정호승의 〈쌀 한 톨〉이라는 시를 읽으며 밥에 대한 시인의 절절한 마음을 떠올려본다.

> 쌀 한 톨 앞에 무릎을 꿇다
> 고마움을 통해 인생이 부유해진다는
> 아버님의 말씀을 잊지 않으려고
> 쌀 한 톨 안으로 난 길을 따라 걷다가
> 해 질 녘
> 어깨에 삽을 걸치고 돌아가는 사람들을 향해
> 무릎을 꿇고 기도하다

오늘 아침 내게로 걸어온 한 그릇의 밥을 놓고 감사드린다.

기억 창고

　세월호 추모 9주기 기억문화제가 수변공원에서 열렸다.
　바람을 타고 오르는 파도는 오늘을 기억하는 듯 울음소리가 크다. 작은 모형으로 만든 흰 종이배가 바다 위에서 흔들거렸다. 아침부터 구슬구슬 내린 비는 참석한 이들의 마음을 움켜잡았다.
　살풀이춤이 시작을 알리며 떠난 이들의 마음을 위로했다. 펼쳐진 춤사위는 현란한 바람과 파도를 진정

시키듯 애절하기만 하다. 살풀이가 끝나고 추모시 낭독이 이어졌다.

> 아이가 돌아오지 않았던 재작년 어느 봄날이었던가
> 먼 길을 걸어서 엄마에게 돌아온 끈 풀린 운동화
> 아이의 유류품이라 했다
> 운동화 속에는 아이 발목이 없다
> 열여덟 아이에게는 너무나도 먼 길
> 혼자 걸어왔을 발목을 생각하며 9년
> 아직도 숨을 참고 물속을 우는 엄마
> 이제 스물일곱이 된 그 아이를 기억하는
> 끈 풀린 운동화만 오늘도 집 안을 걸어 다닌다.
> ―김정호, 〈운동화〉 전문

며칠 전 추모시를 낭독해 달라고 보내왔던 전문이다. 시를 받아보니 내가 그곳에 있는 아이가 되고 엄마가 되는 모습이 그려졌다.

낭독하는 내내 날씨 탓인지 세찬 파도 탓인지 입도 얼고 가슴도 얼어붙어, 어떻게 읽었는지 기억나지 않았다.

　떠난 이들의 눈물 같은 빗줄기가 멈추지 않고 오후 내내 내렸다. 함께 모인 회원과 시민들은 모두 손을 잡고 〈진실은 어둠을 이긴다〉는 노래를 합창했다.

　아직도 '숨을 참고 물속을 우는 엄마'를 위해서 잊자고 했던 사람들은 '이제 스물일곱이 된 그 아이'를 기억해야 한다고, 다시 모여서 잊지 말자고 마음을 모았다. 행사를 마치고 돌아오는 길이 멀기만 했다. 내가 기억하고 가야 하는 것은 무엇인가.

　지난해 동해로 이사 온 한 지인은 4월이 기억하기 싫어서 4라는 숫자를 수첩에서 전부 지워버렸다고 한다. 가족을 잃고 긴 시간 아픔으로 이어왔던 4월이라고 했다. 잊히지 않지만 잊고 싶다고 했다. 누군가는 푸른 4월이지만 누군가에게는 상처로 얼룩진 4월인 것이다.

　며칠 두통으로 무거웠던 몸을 일으켜 기억 창고에 쌓아둔 먼지를 털어냈다. 버려야 할 것, 잊어야 할 것,

기억해야 할 것을 차곡차곡 정리했다.
 어수선했던 창고가 가지런해졌다. 오늘 만났던 기억문화제를 살그머니 올려놓았다.

꽃길 따라

앞서가던 운구차가 멈췄다.

좁은 비탈길을 더 이상 올라갈 수 없었다. 운구를 직접 들고 산비탈을 오르는 행렬 뒤를 따라 오른다. 길옆으로 이리저리 핀 참꽃이 무더기를 이루어 꽃 무덤을 만들었다.

곧 안장 예배가 시작되었다. 목사님은 평소 아버님에 대한 기억들을 말씀하셨다. 영면하신 아버님을 회상해 본다.

한 달 전 아버님은 심한 통증으로 대학병원에 입원하셨다. 여러 가지 검사 결과 회복이 어려운 병명을 진단받았다. 가족 모두 망연자실했고, 그때부터 아버님의 투병 생활이 시작되었다. 다양한 치료법을 찾아보았다. 치료에 도움이 된다는 약도 구해보았다. 시간이 없었다. 마음이 조급했다. 그러나 아버님은 소망과 반대로 식사하는 것도 그리고 움직이는 것도 조금씩 힘들어하시고, 말수도 점점 줄어들었다.

힘겨운 숨을 몰아쉬며 견디는 아버님 손을 잡아보았다. 손마디마다 투명한 뼈들이 살아나 하나의 선을 이루는 듯했다. 혈관을 찾기 위해 수없이 찔렀던 바늘 흔적들이 피멍으로 얼룩져 있었다. 가슴속으로 파도가 요동친다. 참으로 오랜 시간 함께했던 아버님 모습들이 포말이 되어 일렁거린다.

어느 해였던가. 아버님은 해가 설핏 기울 때 산에서 내려오셨다. 한식이 지났지만, 아직 잔바람이 가시지 않은 날이었다. 손에 묻은 흙을 털며 내려놓은 지게 안에는 조롱조롱 여러 나물이 얼굴을 내밀었다. 그런데 잎이 조금 넓은 나물 한 움큼을 건네주면서 말씀하셨다.

"요거 조금 장하기는 했지만, 입맛 돋우는 데 아주 그만이다. 데쳐서 먹어보렴."

입덧이 심해 밥맛을 찾지 못한 며느리에 대한 배려였다. 이름도 알지 못하는 줄기에 솜털이 송송 나 있는 나물을 끓는 물에 데쳐 저녁상에 올렸다. 아버님은 손수 널찍한 이파리에 밥과 된장을 넣고 쌈을 싸서 건넸다. 잔뜩 기대한 나는 얼른 받아 입안에 넣었다. 그런데 이게 웬일인가 씹는 순간 입안 온통 씀바귀를 씹듯 쓴 향기가 퍼졌다. 웃어야 할 내 인상은 울상이 되었고 나는 겨우겨우 씹어 삼켰다.

"고거 명우라는 건데, 쌉쌀해도 봄철 나물로는 일품이다."

아버님이 빙그레 웃으셨다.

어떤 날은 고얌 몇 개, 어떤 날은 토실한 알밤 서너 개 내 손에 쥐여주고 논으로 가래질을 하러 나가셨다.

빗물에 흙투성이가 된 내 신발도 아침이면 깔끔하게 닦아 내어주셨던 아버님. 큰아이가 열병으로 앓고 있을 때도 아이를 업고 병원으로 한달음에 가셨던 내 아버님은 말씀을 아끼고, 표현하지 않았지만 내게 참으로 특별한 분이셨다.

얼마나 지났을까. 아버님은 통증이 견디기 힘든지 얼굴을 찡그리셨다. 힘들어도 신음 소리 한 번 제대로 내지 않으신 것도, 당신으로 인해 가족이 염려하는 것을 원치 않으셨기 때문이다.

어느 날 병실 문을 열고 들어가니 아버님은 깊이깊이 울음을 삭이신다.

"너희들이 있어 세상 구경 조금 더 하고 싶은데 아무래도 내 욕심이지. 힘들 것 같구나. 돈은 세 끼 먹을 만큼만 있으면 되나 가족이 화목해야 하는 것은 돈으로 살 수 없다. 형제 우애가 우선이다. 솔직하고 당당하면 남에게 아쉬운 소리 안 해도 된단다."

띄엄띄엄 숨을 몰아쉬며 유언같이 한마디씩 토해 내셨다. 목울대에 커다란 것이 울컥 올라왔지만, 난 눈물을 보일 수 없었다. 아버님 손을 잡고 등을 쓸어드렸다. 내가 할 수 있는 일이란 고작 그것밖에 없다고 생각하니 한스러움이 밀려왔다.

통증이 심해 제대로 말 한마디 못하시는 아버님을 웃게 하고 싶었다. 그날 생일이었던 나는 큼직한 종이에 잘 보일 수 있도록 글씨를 썼다.

'아버님, 제 생일입니다. 선물해 주세요.'

이렇게 써서 보여드렸더니 가쁜 숨을 몰아쉬며 한참을 뚫어져라 읽으시더니 싱긋이 웃으며 둘러앉은 가족들에게 용돈을 내어놓으라 손짓하셨다. 그리고 내게 전부 선물해 주셨다. 며느리 사랑이 유난히 컸던 아버님은 세상이 꽃비로 장식할 때 육신의 고통을 하나하나 내려놓고, 가장 평온한 모습으로 꽃길 따라 가셨다.

아버님 유지대로 장례는 교회장으로 진행했다. 유교

에 절대적이었던 아버님도 어머니를 따라 세례를 받고, 직분을 받으며 환하게 웃으시던 모습이 아직도 생생하다. 목사님 집례 하에 입관예배, 위로예배, 발인예배로 처음부터 끝까지 아름답게 마무리했다. 늦은 시간까지 조문객이 이어졌고, 사람들은 휘어지지 않는 대나무처럼 한평생을 곧게 살다 가신 아버님을 애도하고 칭송해 주셨다. 사흘 후 첫 성묘로 가족 친지들은 다시 모여 찬송과 기도로 아버님에 대한 기억들을 오래도록 서로 나누었다. 아버님은 가장 검소한 모습으로 아낌없는 열정과 사랑을 쏟아내고 가셨다.

얕은 산길을 내려오는 길목마다 지천으로 흐드러진 봄꽃들이 앞서거니 뒤서거니 다시 피었다 진다. 그 꽃길을 따라 어디쯤 가고 계실까.

해우촌 동민이

 동안 스님 비보를 접한 것은 그의 49재가 지나고 나서다. 비 그친 후 날씨는 계절을 앞서가는지 쌀쌀하고 추워서 차를 한 잔 데우던 중 가끔 안부를 전하는 K가 소식을 전해왔다. 결국 그렇게 가는구나. 슬픔에 앞서 그가 이 땅에서 잠시 거쳐 간 생활이 변화무쌍하고 어디 한 곳에 정착하지 못했던 모습이 떠올랐다.
 나는 고향을 잠시 떠나 있을 때 같은 뜻을 가진 청년들과 '해우촌'이라는 문학 동아리를 만들어 한 달에 한 번 만나곤 했다. 타지에서 생활하던 후배 영균, 태석이도 학기가 끝난 방학이면 함께했다. 지금 나와 35년을 살고 있는 남편도 합류하고 또 몇몇 젊은이들이 모였는데, 그때 키가 훤칠하고 약간 이국적으로 생긴 눈이 맑은 동민이가 끼어 있었다.

우선 다양한 책을 읽고 이야기 나누기로 하고 일 년에 한 번 시집을 만들어 문학의 밤 출판회를 하자는 의견이 모아졌다. 허술했지만 패기와 열정이 넘쳐나던 20대 젊음은 밤을 새워가며 빈곤했던 우리의 문학 양식을 쌓아갔다. 그리고 틈틈이 어줍지 않게 습작하고 모아둔 글들을 타자기로 쳐서 한 권의 책자를 만들었다. 주머니에 돈이 변변하지 않아 겨우 차 한 잔 정도 대접할 수 있는 기금을 모아 드디어 작은 찻집을 빌려 문학의 밤 출판회를 열었다. 동민이가 잘 안다는 기타를 연주하는 어느 선배를 억지로 끌다시피 하여 재능기부 출연을 받아냈다. 몇몇 친분 있는 선생님, 과일 가게 아저씨, 책방 주인을 알고 지내던 분들이 오셔서 찻값보다 더 많은 후원금을 탁자에 놓고 가기도 했다.

문학에 밥 말아 먹던 그해가 지나고 어느 시골에서 작은 책방을 운영하며 평생 살겠다던 나는 릴케를 좋아하던 사람과 돌연히 결혼을 했다. 그날 해우촌 친구들이 보내온 축하금 봉투를 열람하며 노트에 일일이 기록했다. 꼬깃꼬깃 모아둔 적지 않은 축하금을 보면서 나중에 꼭 갚아야겠다고 생각하며 동민이 이름이 적힌 봉투를 열었다. 몇 번 접은 백지가 끼워져 있었다. '결혼을 진심으로 축하합니다. 지금은 여의치 않아 축하금을 드리지 못하지만, 훗날 두 배로 꼭 드리겠습니다.' 아르바이트를 전전하며 조금 돈이 쥐어지면 책 사는 데 전부 써버렸던 그였다. 남편과 미소를 짓다가 그의 행보가 궁금하기도 했지만, 결혼이라는 예상하지 못한 벽을 오르느라 한동안 만나지 못했다.

꽤 시간이 지나고 그와 딱 한 번 마주쳤는데 어쩜 그가 살아 있을 때 본 마지막 모습이었던 것 같다. 가끔 가던 서점에 책 주문을 해놓고 찾으러 갔다. 주인은 나를 알아보고 주문한 책을 건네주었다. 잠시 후 한 스님이 바라를 메고 모자를 눌러쓴 채 문을 열고 들어섰다. 서점 주인과는 잘 아는지 인사를 하는데 분명 동민이었다. 놀라움과 반가움으로 나는 꽤 긴 시간 서점에서 이야기를 나누었던 것 같다. 그는 절에 입문하여 장작 패는 일부터 시작해서 지금 동안이라는 법명으로 ○○절에 있다고 했다. 그 모습이 평온해 보여 내 마음도 조금 가벼워졌다. 한번 찾아가겠다는 말미를 남기고 돌아서는데 그가 서가에서 책 한 권을 꺼내 왔다. "결혼 축하금을 꼭 드리겠다고 약속했는데 못 지켰네요. 대신 이것으로 갚을게요." 그가 손에 쥐여준 책은 한창 유행하던 《시학(詩學)》이었다. 몇 번 거절하다가 그 책을 안고 헤어진 것이 마지막이 되었다.

저녁을 끝내고 스산하게 지는 해넘이를 보며 남편에게 동민이 근황을 알렸다. 잠깐 놀라던 남편도 "참 맑고 순수한 사람이었는데 이 땅이 그를 편하게 해주지 못했네." 한동안 말이 없었다. 나는 왜 그때 한창 입에 달고 다니던 그 문장들이 생각났을까. '문학이 죽고, 인생이 죽고 사랑의 진리마저 애증의 그림자를 버릴 때 목마를 탄 사랑의 사람은 보이지 않는다.'라는 시어가 속을 쓰리게 했다. 뿔뿔이 흩어진 해우촌 친구들은 무얼 할까. 그때의 열정을 가지고 있다면 무엇을 해도 살아갈 수 있었을 텐데…. 동민이의 죽음은 우리 모두의 책임이 아닐까. 안일하고 편리함에 젖어버려 잊고 있던 그의 모습이 파노라마처럼 지나갔다.

불편한 마음으로 잠을 설쳤다. 아침을 대강 정리하고 동민이 어머니가 일하는 장터로 천천히 걸었다. 평생 자식 하나 해바라기하던 그분은 여전히 장터 한 모퉁이에서 마른 멸치를 수북이 쌓아 놓고 굽어진 허리를 한 번씩 일으켰다가 손님이 오기를 기다리고 있었다. 코끝이 찡해온다. 멀리서 그 모습을 바라보다가 돌아와 먼지가 뽀얗게 앉은 《시학》을 꺼내보았다. 눈이 맑은 그 아이의 모습이 어렴풋이 따라온다. 아직도 서툰 문학은 내 언저리에서 틈을 주지 않고 여전히 서성대고 있는 것인지….

골목 안 수채화

 골목 안은 그리움이다. 골목 안은 추억이다.
 넓은 대로 길에서 막다른 골목길로 접어들면 비밀의 성처럼 좁은 문이 열리고 지나간 흔적들이 하나나 실타래를 풀어내며 나의 오감을 자극한다. 긴 숨을 토해 내도 괜찮아, 괜찮아 등을 토닥여주는 쉼이 그곳에 있다.
 "집이 어디세요?"
 "저어기 골목 끝부분 초록 대문 집요."

아침이면 책가방을 든 아이들이 골목 안에서 미끄럼 타듯 쏟아져 나온다. 학교 가기 위해 꼭 거쳐야 하는 곳이 있는데 골목 어귀에 자리한 무서운 연탄 가게다. 연탄집 아저씨는 얼굴에 검정 칠을 하고 양손엔 집게를 들고 연탄 수백 장을 옮긴다. 종알종알거리던 아이들도 어느새 숨을 죽이고 한 줄로 서서 살금살금 걷는다. 아저씨는 숯검정이 된 얼굴에 땀을 주르륵 흘리며 연탄을 옮기다 말고 뒤를 힐끔 돌아보며, "요것들 학교 가서 졸지 말고!"라고 소리를 빽 지르면 우리는 가방을 움켜쥐고 냅다 달아났다.

연탄 가게를 지나면 영월 댁이 돌보고 있는 쌀가게가 나온다. 가게 중간에 쪽문을 달아 장사를 하는데, 아줌마는 곧 나올 아기 배를 두 손으로 받치고 하얗고도 뽀얀 쌀을 됫박 가득 담아 손님을 기다린다. 가던 걸음을 멈추고 쌀가게 안을 두리번거리면 아줌마는 긴 문을 드르륵 열고 볶은 콩을 한 줌씩 손바닥에 담아주고 "잘 다녀와." 하고 힘껏 웃어준다. 콩을 받은 우리는 구수한 콩을 입안에 넣고 오도독오도독 씹으며 길고도 긴 골목 안을 빠져나온다.

  우리가 꼭 머무는 곳이 한 군데 더 남아 있다. 주머니 속에 동전이 있으면 우리의 걸음을 멈추게 하는 곳. 할아버지 할머니가 하는 뽑기 집이다. 집이라고도 할 것 없는 천막 좌판에는 걸어놓은 국자 몇 개과 연탄불이 전부다. 누렇게 탄 국자에 설탕 한 숟가락, 소다 조금 넣고 연탄불에 올리면 순식간에 풍선처럼 부풀어 오른다. 환상과 기대로 납작한 철판에 뽑기 물을 붓는다. 사람 모양을 한 철사 틀을 쿡 찍으면 모두 침을 꼴깍거리며 모양을 뽑느라 숨도 제대로 쉬지 못한다. 이번에는 꼭…. 그러나 기대는 번번이 비껴간다. 언제나 목이 댕강 부러져 희망은 삽시간 숨어버린다. 다른 아이가 주머니에서 동전을 달그락거리면, 돌아올 때 다시 한번을 위해 아껴두기로 하고 꼭 성공하리라는 거대한 희망을 안고 걸음을 옮긴다.

그 골목에도 여름이 왔다. 여름 골목 안은 온통 비린내투성이다. 오징어가 한창인 시간이라 집집마다 지게나 수레로 오징어를 나르면 흔들거리는 언덕길 위로 붉은 물감들이 줄을 타고 내려와 질퍽하게 붉은 바다가 그려진다. 오징어가 만국기처럼 펄럭이는 날은 너나 할 것 없이 오징어볶음이 도시락 반찬으로 지치도록 올라와 윗동네 아이들이 가져온 계란말이와 은밀한 거래를 한다.

그런가 하면, 골목 안 겨울은 시리도록 춥다. 추위는 어린 우리를 지나쳐 가지 않고 혹독한 경험을 하게 했다. 겨울을 지키는 연탄 심부름은 대부분 아이들 몫이었는데 남자아이들은 새끼줄에 연탄을 끼워 들고, 여자아이들은 함지에 연탄을 담아 이고 갔다. 얼어서 반들반들한 골목길은 한순간 잘못 디디면 넘어지기 일쑤였고 그때마다 시커먼 연탄들은 산산조각으로 부서져 빙판 위에서 나뒹굴었다. 종일토록 연탄과 빙판은 골목을 분주하게 만들었지만, 그런 날은 집집마다 꽁치

굽는 냄새와 밤 별이 골목 안으로 내려와 긴 겨울을 밝혀 주었다.

 걸어온 시간만큼 훌쩍 떠나버린 그 골목을 우연한 기회에 다시 가게 되었다. 추억처럼 새록새록 살아나는 시간을 끌어당겨 함께 걸어본다. 연탄 가게 하던 부부는 지병으로 요양원에 갔고, 뽑기를 하던 자리에는 대형 슈퍼가 덩그러니 들어와 앉았다.

 나와 함께 푸르렀던 골목 안은 낡은 의자처럼 삐걱대며 황혼으로 물들어 깊은 가을로 접어든다. 길게 늘어선 그림자가 하품하듯 멈춰진 시간. 거기 오래된 골목이 한 장의 수채화가 되어 발걸음을 멈추게 했다.

지혜학교

 월요일마다 퇴근 시간이면 사람들은 제각기 돌아갈 집으로 또는 어디에 있을 목적지를 향해 바삐 서두른다. 나는 웃음과 이야기가 있는 지혜학교 문을 두드린다. 지혜학교는 서양 고전을 읽고 지혜를 나누는 K도서관 모임인데, 게으른 나를 일으켜 덜컥 등록하고 말았다.
 여름 막바지 첫 개강은 비대면으로 시작되었다. 개성이 강한 사자머리 박 선생님과 편집의 달인이신 정

선생님의 미소가 지혜학교 시작을 알린다. 첫 시간은 소포클레스의 《오이디푸스 왕》과 나를 찾는 시간이었다. 이어서 《안티고네의 성스러운 죽음》을 이야기하였고, 욕망으로 인하여 삶이 불안정해진 《맥베스》는 결국 비극의 결말을 만들게 됨을 알게 되었다. 엘리자베스의 황홀한 춤과 당당함은 디아스에 대한 잘못 판단으로 《오만과 편견》은 나의 침묵 속에서 오래도록 갇혀 있었다. 조지 오웰의 《버마 시절》은 인간이 인간을 저렇게도 처절하게 비인간화시킬 수 있을까? 소설을 읽으면서도 얼음처럼 굳어져버렸던 기억이 맴돈다.

늦은 여름에 열린 학교 문은 가을을 만나고, 바람에 휩쓸려 가는 깊은 계절이 되어도 언제나 그 자리에 두 주인은 문을 열어 두고 기다리고 있었다. 안톤 체호프의 《어떤 내기》는 의식의 흐름을 바꾸어 놓았다. 욕심 덩어리 은행가와 도덕적인 젊은 변호사의 무모한 내기였지만 변호사의 반전 행동을 다시 보면, 빈털터리가 되려는 은행가의 생명을 살리기 위함이 아니었을까. 스스로 갇히며 현자가 된 변호사를 보며 문득 아주 오래전 글을 쓰기 위해 자신의 방문을 밖에서 폐쇄하고 얼음덩어리 밥을 먹었다던 어떤 소설가가 스쳐 간다.

순결한 여인 《테스》는 내 손에서 떠나지 않은 만큼 붙잡고 있었다. 테스를 따라가다 보면 늘 함께 있는 것이 자유도 취미도 아닌 노동이다. 어린 나이에 부모의 일까지 책임지며 가족을 꾸려가야 하는 그녀는, 자신의 감정을 나타내지 못한 채 운명을 담담히 지고 갔다. 어쩌면 삶이라는 것을 포기하고 살아가고 있다고 할까. 평생 행복이 무엇인지 자신을 위해 살아온 적이 없던 그녀가 에이젤이라는 애인과 도피하는 그 순간이 가장 행복했다고 하니 그녀를 이해해 보려고 밤잠을 설쳤다. 쓸쓸하기만 했다.

오늘, 역사를 빠져나가는 긴 열차에 나는 어설픈 꾸러미 하나 올려놓았다. 미완성인 채로 외로우니까 사람인 나를 안고 또 뚜벅뚜벅 걸어가 볼 것이다. 계절이 바뀌고 지혜학교 문을 닫는 늦은 종소리가 도로 위로 나뒹구는 은행잎에 걸려 쓸쓸하게 퍼진다.

아버지를 추억하다

바다는

바다는 아버지의 그림자였다. 아버지는 그림자와 함께 쏟아지는 태양을 이고 먹이를 기다리는 갈매기와 몇 날을 시름하며 바다 위에 던져졌다. 던져놓은 그물을 건져 올리며 분노하는 바다와 실랑이를 하다가도 제풀에 지치면 그림자는 어느새 아버지의 곁에 돌아와 누웠다.

그해 8월의 장대비가 바다 위에도 칼날처럼 수직으

로 꽂히고 아버지가 갈가리 찢긴 상처를 안고 돌아오던 날, 바다는 더 이상 아버지를 돌아보지 않고 내팽개쳤다. 그러나 처절하고 피폐한 대로 파도의 울음을 안고 아버지는 그 바다를 성큼성큼 건너오셨다.

그날 아버지의 기침 소리가 바다를 에워싸고 오랫동안 전염병처럼 번져 갈 때 바닷가는 하나둘 빈 집이 늘어갔고, 밤새 몸 멀미를 하던 바다도 다시 꽈리를 틀고 긴 침묵 속으로 안주했다.

나의 유년은 온통 비릿한 짠물 내음과 골목마다 쌓여 있는 오징어 내장을 바라보며 떠오르는 붉덩이 해와 함께 보냈다. 그해 재석이네 아버지가 탄 배가 돌아오지 않을 때도, 집집마다 비어버린 쌀독을 쳐다보고 있을 때도, 아버지는 지게꾼에게 웃돈을 올려주고 쌀섬을 앞세워 대문을 열고 들어섰다.

잘 먹어야 한다. 그래야 공부도 하고 머리도 좋아진단다. 어머니에게 한마디 남기고 아버지가 바다로 떠나고 난 다음에는 대문을 꼭꼭 걸어 잠그고 허연 쌀

밥을 목이 메어 차오를 때까지 꾸역꾸역 집어넣었다. 돌아가는 아버지의 어깨 위에선 잠들지 못한 바다가 다시 출렁거렸다.

꽁치를 구우며

소금 옷을 입고 벌겋게 달아오른 석쇠 위에 고별의 마지막 장면을 찍고 있는 꽁치를 구우며, 제 스스로 돌아눕지 못하는 꽁치의 비애에서 아버지를 본다.

아버지가 돌아오신 날은 어머니의 손놀림이 바빠졌다. '따다닥따다닥' 부엌에서 새어 나오는 희미한 알전구 불빛과 요란한 도마 소리가 새벽을 깨운다. 익숙한 솜씨로 꽁치 껍질을 벗기고 송송 회를 만들어 갖은양념에 찬물을 부어 물회를 만들거나 칼등으로 꽁치를 다지고 저미어 거의 걸쭉한 살코기가 되면 팔팔 끓은 물에 한 수저씩 떠 넣어 꽁치 시래깃국을 만들기도 한다. 그런 날은 밥상 위에 아버지가 좋아하는 꽁치가 춤추고 있지만 나는 그 비린내가 싫어서 수저를 놓았다 들었다 했다.

여전히 석쇠 위에서는 누군가의 도움을 기다리며 꽁치가 시커멓게 타들어 간다. 꽁치도 아버지도 잠들지 못하고 흔들거렸다.

다시 바다에서

"좁은 곳에 있지 말고 멀리 나가거라."

그날 아버지는 자고 있는 식구들을 깨워 마지막 시위를 하듯 결연한 말을 쏟아내고, 뿌연 해무를 헤치고 걸어 나가셨다. 그래서일까. 우리는 이를 악물고 화려한 도시를 꿈꾸었기에 아무도 아버지의 뜻을 저버리지 않았고, 바다를 두고 아버지를 두고 멀리 떠났다.

"오늘은 물때가 좋아 그물이 좀 묵직하겠는걸."

그물을 터는 소리와 쉬지 않고 돌아가는 기계 소리에 다시 돌아오지 않는 아버지의 목소리가 엉키고 감겨서 바다 위에 동동 떠다니는 것 같다.

그때 젊은 무리가 우르르 가게 문을 열고 들어와 꽁

치구이를 주문했다. 새카맣게 타버린 꽁치를 뒤집으며 기억 속에 희미해져 가는 아버지를 추억한다.

하루만 다녀가세요

    골목 어귀는 여전히 느린 백열구처럼 희미하게 껌벅인다. 미끄러지듯 대문을 열고 들어서자 차가운 달의 기운은 앙상하게 솟은 감나무에 스산하게 걸려 있다. 향내가 가까스로 찬 기운을 달래준다.
    오늘처럼 엄마는 성탄 전야제에 돌아가셨다. 샹들레 캐럴이 곳곳마다 축제의 세상을 만들었지만, 엄마를 애도하는 발길은 조용히 길고 길게 이어졌다.
    향이 타들어 가고 큰오빠가 엄마를 애도하는 제문

을 읽었다. 효자 ○○로 시작되는 제문에는 엄마의 이야기가 하나도 없다. 오래된 유산처럼 아직도 엄마를 보낼 준비가 되지 않았다. 가족이 둘러앉은 두레 밥상에는 엄마와 함께 먹었던 기억의 조각들이 깊은 우물의 두레박이 되어 돌아왔다.

또르륵또르륵 도마 소리에 아침이 깬다. 게딱지가 빵 모양으로 봉긋 올라왔다고 해서 이름 붙여진 빵게는 엄마가 만든 최고의 요리 재료 중 하나다. 붉은 게 살을 떼어 내고 촘촘히 붙은 게 다리를 툭툭 잘라 넣고 갖은양념을 하면 이름하여 '게 생조림'이 완성된다. 이번에는 다디단 겨울 무를 채 썰어 솥단지 가득 챗국을 끓여 부엌문 앞에 내어놓는다. 그러면 밤새 살얼음이 눈송이처럼 얹어져 가난한 이의 절망적인 삶도 다시 피어날 것 같은 한 끼의 만찬이 준비된다.

향이 점점 타들어 가면서 기억 저편에 있던 흔적들이 엄마가 돌리는 누름판 위에서 빙그르 춤춘다. 시집올 때 가져왔다던 일제 재봉틀은 엄마의 노리개였다.

먹장구름이 몰려오거나 심란한 마음을 감추기라도 하듯 엄마는 밤새도록 재봉틀에 앉아 돌돌돌 시간을 되돌리고 있다. 북집의 실들이 새로이 끼워질 때마다 엄마의 손에서 무지갯빛 기적들이 탄생한다.

집도 없는 거대한 두 바퀴에서 새로운 기적들이 쏟아져 나오는 것은 나를 신세계로 몰아갔다. 어느 날 엄마의 낮잠을 틈타 떨어진 양말을 바늘 끝에 넣고 바퀴를 돌렸다. 삐걱삐걱 불안한 소리만 내더니 쥐방울만 한 바늘이 그만 부러지고 말았다. "넌 절대 가까이하지 마라." 그날 이후 더 이상 신세계를 만나지 못했다.

언제부턴가 엄마는 요술이 뿜어 나오는 재봉틀을 밀쳐놓고 주판알을 튕기기 시작했다. 동네 어르신들이 엄마한테 장부책을 들고 왔다. 숫자 계산이 되지 않아 외상을 가져갈 때마다 작대기 한 개씩 그어놓은 공책은 검은 물결이 출렁이듯 흔들거렸다. 외상 장부를 계산해 주고, 생선값을 알려주고 앞집 구멍가게 할머니 연탄값도 알려주었다. 주판알이 올라갈 때마다 엄마의 손가락이 피아노 선율처럼 춤추었지만, 그것 역시 멀찍이 바라볼 뿐 엄마는 곁을 주지 않았다. 그래서일까. 나는 외형만 엄마를 쏙 빼닮았지 솜씨가 영 젬병인 것 보면 속내는 하나도 닮지 않았나 보다.

  타래실을 풀어놓은 것 같은 엄마의 깊은 속내는 '열 길 물속은 알아도 한 길 사람 속은 모른다.'는 속담과 닮아 있었다. 그 속을 아무도 알 수 없었다. 육성회비를 가져가야 하는 날에는 어김없이 꼬깃꼬깃 종이돈이 밥상 위에 올려지고, 소풍 갈 때는 새 구두가 마루 위에서 눈부시게 기다리고 있었다. 그러다 보니 적당히 어깨에 힘을 주고 다녔고 적당히 사람의 높낮이도 맞추고 다녔다.

  그 많던 알 수 없는 엄마의 비밀은 엄마가 떠나고 유품을 정리하면서 알게 되었다. 누렇게 얼룩진 엄마의 일기장에는 꾹꾹 눌러쓴 세로글씨가 수채화 물감을 풀어놓은 듯 번져 있었다.

빼곡히 써 내려간 엄마의 비밀의 문이 열리면서 나는 이율배반적인 엄마의 모습에 다시 한번 놀랄 수밖에 없었다. 이미 허허로운 벌판을 달리고 있었다. 책장을 덮었다. 아무 일 없었던 것처럼 기억의 문을 닫았다.

우울한 기억들은 여전히 떠나지 않고 머리꼭지에 달라붙어 바람이라도 휩쓸고 가는 듯하다. 기억은 소환되어 돌아오는데 엄마를 소환할 수 있는 방법은 없다. 보고 싶다. 단 하루만 볼 수 있다면 이것도 이르고 저것도 이르고. 시간이 없으니 엄마와 하지 못한 것을 해볼 수도 있을 텐데…. 아니지, 그때 왜 그랬냐고 물어보고 싶다. 되돌릴 수 없는 전야제 밤은 깊어만 갔다.

밤(栗) 베개

새벽어둠이 걷히기도 전에 어머니는 우리 가족을 이끌고 밤나무 숲으로 갔다. 오늘은 기어코 흔적을 잡을 요량인지 만반의 준비시다. 며칠째 새벽녘에 뒷산 밤나무골에 다녀오시던 어머니는 "얄궂다. 누가 나보다 먼저 우리 밤밭에 오는지 벌써 털어가고 없구나." 하며 안타까워하셨다. 그래서 오늘은 전날보다 일찍 동이 트기도 전에 온 식구를 채근해서 깨운다.

잠이 깨지 않은 채 걷다 보니 웬걸 초입 언덕 위에

검은 트럭 한 대가 턱 하니 버티고 있었다. 잠시 후 자루를 걸머쥔 장정과 아낙들이 밤나무 숲에서 미끄러져 내려왔다.

"거, 뉘신데 남의 집 밤나무 아래에서 얼쩡거리고 있었소. 이것 보시오. 이 밤나무 심을 때 물 한 번 주었소. 삽질 한 번 했소. 묘목 키우려고 무진 애를 썼는데, 어찌 이리 쉽게 남의 농사를 매번 수확해 간단 말이요."

기다렸다는 듯이 쏟아내는 어머니의 호통에 장정들은 자루를 펼쳐 보이며 말했다.

"며칠 후 있을 차례에 쓰려고 조금 주웠어요."

"저도 그런데요."

어머니 앞에 놓인 자루 속에는 하나같이 주먹만 한 밤이 윤기를 빛내고 있었다. 어머니는 단호히 자루를 건네받아 밤을 쏟아내고 차례에 쓸 만큼 다시 자루에 넣어 돌려주었다.

"옛소. 조상님 앞에서는 거짓말하지 마시오. 여긴 임

자가 있는 밤나무니 얼씬도 하지 마시오."

젊은 처자들은 줄행랑을 놓고 장정들은 난감한 표정으로 돌아갔다. 한바탕 부산을 떨고 나자, 등줄기에서 식은땀이 조르륵 흐른다.

새벽이슬을 밟고 그 숲으로 다시 오른다. 밤새 의식을 치르던 희뿌연 안개가 몰려가고 사람의 발소리에 잠자던 숲의 정령들이 깨어난다. 바스락 낙엽 우는 소리를 들으며 언덕길을 올랐을 때, 그곳에 펼쳐진 풍경은 마음을 다하여 위로하고 안아주고 싶은 나무들이 하늘을 향해 두 팔 가득 벌리고 있었다.

투두둑 발밑에서 숨 쉬는 밤송이 껍질을 벗긴다. 이제 막 목욕하고 나온 알토란 같은 삼 형제는 당당하게 자신의 미끈한 몸을 보여주며 아쉬울 것 없이 벌러덩 누워 하늘을 향해 있다. 어쩜 이리도 예쁠까. 만져보고 돌려보고 한참을 보다가 참 요상하다 그 벌러덩 누워버린 몸체를 받치고 있는 작은 것이 있다. 잘난 듯이 누워 있는 밤을 들어 보았다. 딱딱하게 굳어버린 쭉정이가 아닌가! 불룩한 배도 없고 윤기 나는 피부도 없는 것이 그 육중한 다른 형제를 안고 있었던 것이다.

"어찌 살 하나 없는 쭉정이가 이 큰 덩치를 안고 있을까."

"고건 쭉정이가 아니고 밤 베개지. 다른 자식들 키우느라 허리며 등판이며 너무 힘들어서 등과 배가 붙어버린 거야."

앞서서 밤을 줍던 어머니가 불러준 이름 밤 베개. '쭉정이'는 아무것도 남기지 못한 빈 가슴이다. 딱딱해 씹을 수도 없고 볼품도 없지만, 자신이 가진 것은 모두 챙겨서 주던 흡사 어머니 모습 같다.

자식 여럿에게 기꺼이 베개가 되어주기를 아끼지 않았던, 그래서 상처 나고 곪고 굳어지고 병들어도 온전히 가슴을 내어주고 자랑스러운 쭉정이가 되어버린 내 어머니 모습이다.

나무를 조금 흔들자 밤송이가 후드득후드득 발아래로 쏟아진다. 튼실한 서너 개 밤 속에 묻혀 있는 쭉정이, 밤 베개를 꺼내 본다.

　나는 누구의 베개가 되어주었는가. 한 손도 내어주지 못한 어깨 하나도 빌려주지 못한 나는 아집으로 둘러싸인 단단한 강철 같다는 생각이 들었다.

　서서히 동이 터오고 아름드리 솟은 밤나무에도 아침이 오고 숲은 자신의 모습을 하나하나 드러낸다. 언덕을 오르면 밤나무들이 조밀조밀 펼쳐 있다. 할아버지의 그 너머 할아버지가 묘목을 심어 내가 과실을 못 따더라도 내 후손들이 수확하는 즐거움을 만나라고 하셨다고 한다.

　숲길을 내려오며 주머니 속에 담아온 토실한 밤과 밤 베개를 함께 손 위에 올려보았다. 여전히 튼실한 밤톨을 안고 있는 밤 베게 위로 눈부신 아침 해가 비춘다.

2. 봄날의 편지

- 오디를 따다
- 우산
- 가나다 한글 교실 1
- 가나다 한글 교실 2
- 손맛
- 봄날의 편지
- 길 위에서 길을 찾다
- 쑥국
- 봄마중
- 어머니의 땅

오디를 따다

아파트 생활이 답답하여 낮은 산과 개울이 있는 주택으로 이사 간 그녀에게서 전갈이 왔다.
"오디가 후드득 떨어져 벌판 천지를 물들이고 있네. 얼른 추수해야 할 것 같아."
하던 일을 멈추고 용수철처럼 튕겨져 나와 가까운 지인에게 함께 가자고 전화를 걸고, 서둘러 집을 나섰다. 슈퍼에 들러 머리 큰 놈으로 수박 한 통과 이것저것 필요한 생활용품을 챙겨 들고 달리는 차들을 지나고, 넓은 도로를 지나 좁은 밭길로 향했다.

　시내에서 조금 떨어진 이곳에서부터 그녀의 집까지는 노래라도 흥얼거리고 싶어지듯 풀 향기가 나는 곳이다. 초여름 유월은 초록의 평화로 가득하고 탱탱한 포도알들이 햇빛을 받아 익어가기를 기다리는 포도밭들이 줄지어 있었다.

　약간의 경사를 지나 산길로 조금 오르면 어느덧 무영이가 컹컹대며 손님이 옴을 알린다. 더 이상 오를 길이 없는 막다른 길옆 들판에 아침 햇살을 이고 있는 빨간 양철 지붕이 보이고, 집 뒤로 병풍처럼 펼쳐진 대숲의 웅웅거리는 소리가 또한 나를 반겼다. 졸리는 듯 일자 눈을 하고 마루 밑에서 길게 기지개를 켜던 고양이 두 마리가 두 귀를 세우고 나를 내려다보는 것도 신선한 일이다.

　보슬보슬 갓 지어낸 보리밥에 된장찌개와 텃밭에서 금방 따온 야채로 이른 점심을 준비한 그녀의 푸른 손길을 통해 잠시 행복을 맛본 후, 우리는 산뽕나무가 있는 뒷산으로 향했다. 그녀가 이곳으로 오기 훨씬 전부터 있었다는 뽕나무는 가족처럼 군락을 이루어 오랜 시간의 흔적을 말해주었다. 초록의 넓은 잎 뒤로 오글오글 매달린 오디는 바람이라도 휙 불라치면 금방이라도 저 밑바닥까지 붉은 피를 흥건히 토해 낼 것만 같다. 언젠가 읽었던 책 중에서 오디에 대한 전설이 희미하게 떠오른다.

옛날 바벨론에 잘생긴 남자와 티스베가라는 아름다운 처녀가 이웃에 살아 서로 사랑하게 되는데, 그들 부모는 절대 결혼할 수 없다며 만나는 것을 금지한다. 둘은 너무 보고 싶은 나머지 어느 날 뽕나무 아래에서 만나기로 하지만, 결국 사랑을 이루지 못하고 죽는다. 죽음도 그들의 사이를 떼어놓지 못할 운명인지 아름다운 청년 피라모스와 처녀 티스베가는 뽕나무의 붉은 열매로 변해 다시 만난다. 그 열매가 오디라고 한다. 저 붉디붉음이 그들의 넋이 아닐까 생각하니 마음 한쪽이 찡하다.

준비해온 흰 옥양목 천을 펼쳐 네 귀의 끝을 잡고 기다렸다. 그녀는 이 옥양목 천에 스스로 천연 빛깔로 물들여 바람에 잘 말려두었다가 가까운 이들에게 나누어주곤 했다. "자, 내려간다." 그녀가 나뭇가지를 잡고, 흔들어대기 시작했다. 후득, 후드득, 후드드득 일제히 열매들이 쏟아져 내렸다. 머리 위로, 땅으로 순식간에 맑은 하늘에서 보라색 꽃비가 쉼 없이 쏟아져 내렸다. 우리는 그저 와! 하고 탄성만 질러댔다. 눈앞에 펼쳐진 아름다운 풍경은 어떤 말로도 표현할 수 없었다.

이마에 송골송골 땀이 배자 추수를 잠시 접고, 누구라고 할 것 없이 우린 그 풀밭에 털썩 주저앉아 한낮의 지나는 구름을 올려다보았다. 그녀가 작은 목소리로 노래를 불렀다. 우린 모두 박수로 화답했고 나는 입안에서 맴도는 시 한 수를 읊었다.

모든 가슴은 사랑을 길어 부어야 하고
모든 생명은 또 다른 생명을 잉태하여야 한다

> 우리가 꿈꾸는 세상은 아직 뜯기지 않은 봉함 편지처럼
> 신선한 숨소리로 우리 곁에 있다
> －이기철, 〈내가 바라는 세상〉 중에서

자연은 내가 조르지 않아도 이렇듯 작은 감동을 안겨준다. 먹거리로, 향기로, 빛깔로, 인간으로선 만들어낼 수 없는 오묘함으로 다가온다. 세상은 믿는 자의 마음만큼 열려 있다는 것을 믿고 싶은 것이다. 나는 지금 그 빛깔과 향기를 잃지 않으려고 은근한 불 위에서 오디를 끓이고 또 끓이고 있다. 비록 형체는 없어져도 향기는 오래도록 기억하기 위해서다.

우산

'아차, 우산!'

손이 허전하다. 찻집에 두고 온 우산은 집에 도착해서야 기억이 났다.

손에 무얼 쥐여 주면 깨거나 놓치거나 잊어버리는 것이 예사여서 친정어머니는 늘 걱정이 많았다. 무엇이 되려고 저리 조심하지 않을까. 결혼하면 누구 고생 깨나 시키겠다는 말은 훌쩍 커버린 뒤에도 중간중간 흘리셨다. 병인지 무심한 탓인지 지금까지도 특히 손에 든 것은 잊어버리기 일쑤였다. 그래도 늦게라도 생각이 나서 다행이다. 다시 찻집으로 걸음을 옮겼다.

우산 생각을 하면 아직도 어제처럼 생생한 기억들. 그럼에도 여전히 부끄러운 잔영들이 스쳐 간다. 어린 시절 식구 많던 우리 집은 비 오는 날이면 집 안이 폭풍전야처럼 고요하고 숙연하다. 다섯 남매가 모두 학교에 다닌 때라 먼저 학교 가는 사람이 그래도 덜 기운 것을 가져갈 수 있다.

그날도 여름 장맛비가 남의 속도 모르고 내렸다. 어, 그런데 언제나 영어 선생이 되어 외국으로 진출할 거라고 큰소리치던 둘째 오빠가 안 보인다. 둘째 오빠는 가장 좋은 우산을 가지고 아침도 거른 채 학교로 달음질친 것이다.

그 우산은 참 신기하다. 안이 훤히 내다보여서 빗물이 또록또록 굴러 은구슬을 만들어 흘러내린다. 나는 남아 있는 우산을 만지작거렸다. 흰 실로 더덕더덕 수선해 놓은 자리가 눈에 확 띄는 검정 우산. 우산살이 서너 개나 부러진 우산. 손잡이가 부러져 높이 쳐들고 가야 하는 우산. 도저히 들고 가고 싶은 우산이 없다. 공부가 취미인 셋째 오빠는 덕지덕지 기운 우산을 들고 나선다. "괜찮아, 책만 안 젖으면 되지 뭐." 나는 부엌문 앞에서 어정거리다가 너무 좋은 생각이 떠올랐다. 아버지가 큰맘 먹고 엄마에게 선물했다던 3단 접이식 양산이 생각났다. 서랍장 깊숙이 넣어둔 양산을 몰래 가지고 나왔다. 날개가 반달 모양으로 쏙쏙 접혀서 앙증맞고 귀여웠다. 펼치면 빨간색 지붕에 하얀 땡땡이가 눈송이처럼 그려져 있는 것이 여간 멋지지 않다.

　싱글벙글 우쭐대며 우산을 쓰고 학교 정문까지 왔다. 친구들이 웬 우산이냐고 예쁘다고 부러워했다. 운동장을 벗어날 즈음이었다. 한 무더기 바람이 휙 지나가더니 그만 양산 날개를 꺾고 그것도 모자라 뒤집어 놓고 지나갔다. 나는 어쩔 줄 몰랐다. 콧대는 바닥으로 떨어지고 귀한 양산은 망가지고 비바람에 옷이 흠뻑 젖어 교실로 들어갔다. 그날 선생님 말씀은 허공으로 맴돌았고 수업이 끝나도 비는 그칠 줄 몰랐다. 엉킨 우산을 안고 빗속을 어찌 걸어왔는지 골목을 돌아서고 파란 대문이 보이자, 가슴이 두근두근 뛰었다. 저녁밥도 잊은 채 밤새 열이 나고 얼마나 잤을까? 잠결에 두런두런 소리가 들린다. 아버지는 어머니의 부러진 양산 대를 단단하게 고치고 있었다. "내일이라도 막둥이 우산 하나 사 주세요." 이불을 머리끝까지 올리고 다시 잠 속으로 떠났던 시간….

엄마의 3단 우산은 이삿짐을 쌀 때마다 내 짐 한편에 들어 있었다. 이제는 낡고 녹이 슬어 골동품이 되어가는 우산이다. 어쩜 엄마는 아끼느라 한 번도 그 우산을 펴보지 못한 채 고요히 작별했는지도 모른다.

비 그친 하늘. 찻집에서 찾아온 우산을 활짝 펴본다. 우산은 어깨를 나란히 하고 둘이 써야 제맛이다. 한쪽 어깨는 비에 내어줄지라도 한쪽 어깨는 서로의 온기를 부딪치면서, 그러나 우산 안에서는 평화로울 뿐이다.

가나다 한글 교실 1

"새댁, 이거 좀 써주게. 글씨가 작아서 안 보이네."
 은행에 통장을 만들러 갔다가 만난 분이다. 돈을 찾는 것 같아서 계좌 번호와 금액을 써드렸더니 연신 고맙다고 했다. 나도 깨알 글씨는 눈이 침침하여 안경을 써야 할 형편이니 아주 답답하겠다는 생각이 들었다. 며칠 후 인증서가 필요해서 은행에 다시 갔다. 어라. 얼마 전 만난 그 어르신이 또 나와 있었다.
 "어머니, 돈 보내세요? 써 드릴까요."

"그래 주면 좋겠는데. 창구 아가씨한테 하도 미안해서….'

그때 무언가 한 대 얻어맞은 느낌이 들었다.

"어머니, 혹시 노래도 배우고 글도 배우고 색종이 접기도 배우고 싶으면 여기 오세요. 엄청 재미있어요."

나는 살짝 이야기하고 전화번호를 적어드렸다. 그때 나는 한글 강사가 된 지 몇 달 안 된 새내기였다. 그분은 씨익 웃으며 번호가 적힌 종이를 주머니에 얼른 집어넣었다.

그 어머니를 다시 만난 것은 여름이 슬슬 꽁무니를 빼고 달아날 때쯤이다. 방학을 끝내고 2학기를 개학하면서 교실로 왔더니 그 어머니가 수줍은 듯 웃고 있었다. 알고 보니 우리 반 한 어머니랑 친구셨다. 몇 번 망설이다 친구가 같이 가자고 해서 따라왔다고 했다.

학습관에서 한글 교실 학습자들을 만난 지 어느새 여러 해가 되어간다. 처음 일 년은 끊임없이 관계 좁혀가기, 이야기 들어주기로 시간이 모자랄 정도였다. 교실 안은 눈물 꽃이 피었다가 웃음꽃이 피었다가 사연이 모래알만큼이나 많았다.

"초등학교 1학년 다니다가 6·25전쟁이 터져서 그길로 피난 다니고 학교를 못 갔는데 다시 오라고 해서 갔더니 글쎄, 학교가 야전 병원으로 변해 있었어요. 선생님이 우릴 데리고 뒷산에 올라가서 가나다 가르쳤는데 몇 자 배우지 못했지요. 그래도 글 가르치는 곳이 있어서 늦게라도 오게 되어 너무 좋아요."

똑똑이 복희 어머니 말에 여기저기서 눈물이 글썽였다.

"내는 우리 부모님 진짜 원망 많이 했어요. 오빠, 언니도 다 학교 보내면서 나만 안 보내줬어요. 소 팔아서 해주마, 조금 기다려라 하더니 마, 시집보내고 말았다니까요."

다람쥐 춘옥이 어머니가 흥분하여 목소리를 높였다. 함께 웃으며 자신의 풀지 못한 비밀을 털어놓고 서로 손을 잡아주었다.

춘옥이 어머니는 그렇게 배움의 끈을 놓지 않더니 10년 만에 대학생이 되었다.

"선생님요, 참 기분이 좋습니다. 이제 죽어도 여한이 없어요. 이게 다 처음 씨를 뿌려주었던 선생님 덕입니다. 학교 안 보내준 부모님 원망하고 있을 때 끝까지 공부해 보라고 하시고, 저를 포기하지 않아서 정말 감사합니다."

입학식 하던 날 전화선을 타고 내려오는 목소리는 소리 없이 울고 있었다.

"어머니, 이제 시작입니다. 새로운 것 하고 싶은 것 마음껏 해보세요."

나는 진심으로 축하의 박수를 보내드렸다. 쉼 없이 달려온 가나다 한글 교실에도 푸른 종소리가 울렸다.

가나다 한글 교실 2

"날씨가 추워서 이불을 덮다. 오징어덮밥이 매콤하다. 적어보세요."

매주 한 번씩 하는 문장 받아쓰기는 우리 반 학생들이 가장 기다리며 좋아하는 시간이다. 언제나 웃음과 말재간이 뛰어난 월성 씨가 이번에도 손을 번쩍 들었다.

"선생님요, 덮다가 퇴 받침 ㅍ이래요? ㅂ이래요? 당최 생각이 안 나요. 갈켜 주세요."

"뭘까요?"

"ㅍ요. 아니야 ㅂ이야."

꿍짝이 잘 맞는 옆 짝과 또 티격태격이다.

"내가 맞다고 생각하는 대로 쓰세요."

"아이고, 선생님 또 저러신다. 한 개만 갈켜주세요. 맨날 빨간 줄인데…."

칠판에 ㅍ을 적었다.

"거봐라 내가 ㅍ이라 했는데 ㅂ이라 우겨서 금방 까지고(지우고) 다시 써서 틀릴 뻔했잖아."

"에이, 어제 배웠는데도 자고 나면 이래 생각이 안 나고 잊어버리나."

"뭔 기억하는 기계가 머리에 들어가 있어서 단추를 탁 누르면 쑥 빠져나왔으면 좋겠다."

"아이고, 너는 대단하다. 자고 나서 잊어버리니. 나는 공부 끝나고 문 열고 나가면 벌써 나보다 앞서서 도망가버리는데…."

순자 씨와 월성 씨의 주고받는 입담에 교실 안은 한

바탕 웃음바다가 되었다.

60대에서 80대에 이르는 어머니들은 매일 한두 시간씩 먼 거리를 걸어서 학습관에 오는 늦깎이 학생들이다. 몇 년 전 처음 만났을 때의 일이 아직도 머릿속에서 맴돈다. 학교에 다니지 못한 사연도 각양각색이었다. 동생을 돌봐야 하고, 전쟁이 터지고, 가난해서 학교는 엄두도 못 냈다는 어머니들. 자신의 속내를 이야기하면서도 그 시절로 다시 돌아가고 싶지 않아서 기억하고 싶지 않다고 했다.

그런데 아직도 기억 저편에 남아 있는 한마디가 부메랑이 되어 내게 꽂혀왔다.

"책이 밥 먹여주냐? 너는 맏이여. 집안 건사를 해야지."

하늘 같은 부모 말에 순종하느라 학교를 못 갔고, 그래서 배우지 못했던 분들. 그분들이 이제 행복한 세상이 무엇인지 알고 싶어 두터운 문을 열고 세상 밖으로 나왔다. 지금 소원이 있다면 책을 줄줄 읽고 이야기도 재미나게 써보는 것이라고 했다.

지난주에는 학생들과 용기를 내어 도서관에서 전래동화 몇 권을 빌려 1주일 내내 돌려가며 읽고 또 읽었다.

"아이고, 호랑이가 어리석어 떡 다 뺏기네. 반쪽이는 착하게 사니 복을 받았고. 방귀 대장 며느리는 꼭 내 이야기 같으네. 참 책 속에는 지혜도 들어 있고 별게 다 있네."

여기저기서 처음 만난 그림책에 대하여 들뜬 목소리들이 튀어나왔다. 그런데 구석진 자리에서 조용히 책을 읽던 태희 어머니가 목소리를 높였다.

"어머나, 이게 밥이네. 책만 읽고 있어도 배고프지 않으니 이게 밥이여."

그 말도 참말이라고 맞장구를 치며 좋아했다.

"이렇게 재미있는 얘기를 제발 잊어버리지 않았으면 얼마나 좋을까."

모두 한숨을 내쉬었다.

지난해에 십수 년 만에 초등학교 졸업장을 받았다. 눈물바다였던 어머니들은 기쁨도 잠시 요즈음은 자꾸 잊어버려서 걱정이라고 하소연 보따리를 풀어놓았다.
"괜찮아요. 그래서 망각이라는 것도 있는 거예요. 너무 많은 것을 기억하면 머리가 터져요. 가끔 잊어버려야 건강한 겁니다."
위로의 말을 건네 보았다.

오늘도 나에게 여러 가지 지혜를 알려주는 나의 학생들은 '선생님이 여기 계셔서 내가 있어요.'라는 수식어를 건네며 돌아간다. 배움이 진실인 그들을 위해 마음 어디쯤에 기억 창고 하나 만들고 싶다.

손맛

 저녁 시간이 훨씬 지나서야 일을 마치고 시장 입구에 도착했다. 사람들은 한산했고 상인들은 주섬주섬 물건을 싸기도 하고 몇 개 남은 것 팔려고 기다리기도 했다. '휴, 지금 가서 언제 반찬을 만드나?' 속을 태우며 시장 안을 종종거리며 훑어보는데 "새댁, 이것 들여가요. 천 원 주고 몽땅 가져가. 좀 깨지기는 했는데 된장 넣고 끓이면 맛이 얼매나 좋은데…."
 대답도 하기 전에 할머니가 주섬주섬 봉지에 담는

것은 두부였다. 바둑판을 보듯 깔끔한 두부가 아니라 양쪽 귀퉁이가 다 으스러진 두부다. "집에서 만들었는데 두붓물을 너무 많이 잡아서 이 모양이야." 하시며 덤을 많이도 주셨다. 나는 바쁜 마음에 돈을 건네고 미끄러지듯 차를 몰았다.

남편과 아이들이 내 얼굴만 쳐다보고 있어, 외투를 벗기도 전에 뚝배기에 된장을 풀고 으스러진 두부를 넣고 끓였다. 배고프다고 소리치는 아이와 남편을 식탁 앞으로 불러 모았다. 두부 된장국, 김치, 밥 식탁 위는 간소하기 그지없었다. 투덜대던 아이들이 어쩔 수 없이 한 숟가락씩 떴다. 남편은 뚝배기에 수저를 넣고 몇 번 오가더니 "당신 집에 다녀왔어요? 오늘 두부 만든다는 얘기 없었는데…." 했다.

시장기가 돌아서인지 아무튼 하나 가득 끓여낸 두부 된장국은 바닥이 났다. 배를 두드리며 포만감에 쌓인 남편은 어머니 돌아가시기 전에 두부 만드는 것과 과줄 만드는 것은 꼭 배워두라고 한소리 얹었다. 겨우 한숨 돌리고 식탁을 치우자 아직도 남아 있는 두부의 구수함이 코끝을 스치며 어머니의 손맛을 떠올리게 했다.

 시골에서 살던 이들은 만들어 먹는 것이 흔한 일이였으나, 시댁에서 잠시 살았던 나는 명절 때마다 어머니의 손끝에서 만들어져 나오는 두부며, 과줄이며, 농주며, 조청은 신기하기만 했다. 어머니 손만 닿으면 음식이 술술 만들어져 마치 요술 손을 보는 것 같았다. 특히 과줄은 겨울철 입이 허전할 때 먹을 수 있는 고급 간식인데, 손을 여러 번 거쳐야 하는 번거로움이 있다. 어머니는 그 때문에 다시는 만들지 않겠다고 했지만, 이듬해 명절이 되면 다시 손놀림이 바빠지셨다.
 시동생 혼삿날이 가까워지자 어머니를 도와 과줄을 만들기로 했다. 찹쌀을 하루 불려 두었다가 방앗간에서 가루로 만들어 오면 물에 개어 납작납작하게 손가락 크기만 하게 떼어 방바닥에 말린다. 또 하루 정도 지나 꾸들꾸들해지면 시커먼 솥뚜껑을 엎어 기름을 두르고 열이 올라올 때까지 기다린다. 말린 찹쌀 과자를 기름 위에 넣으면 자자작 소리를 내며 퍼지는데 그 광경은 국화 꽃잎을 확 뿌려놓은 것처럼 순식간에 일어난다. 이때 재빨리 수저 두 개로 양쪽 귀를 잡고 늘리면 네모반듯한 과줄판이 만들어진다. 나는 번번이 실패를 하는데 시간과 마음이 맞지 않으면 깨져서 조각이 되기 일쑤였다.

과줄판은 시원한 곳에 두고 이번엔 다섯 시간 정도 걸려 엿을 고아 조청을 만든다. 새벽닭이 홰를 칠 때쯤 튀겨온 쌀을 온 방에 펴놓고 과줄판에 조청을 앞뒤로 묻혀 쌀 튀밥에 버무려 내어놓으면 과줄 한 닢이 완성되는 것이다. 조청이 뚝뚝 떨어지는 조각을 한 입에 넣으면 그 맛이란 그대로 사르르 녹는 솜사탕 같다.

멀리 있는 친가들이 다녀갈 때마다 어머니는 잊지 않고 꾸러미를 만들어 손에 들려주신다. 예전엔 낮밤을 가리지 않고 과줄 장사로 자식 대학을 마쳤다는 어머니 손은 이제 고목나무보다 딱딱하다.

요즘은 백화점에 가면 예술적인 솜씨로 만들어 놓은 물건들이 즐비해 있다. 맛뿐 아니라 눈도 즐거워진다. 장바구니를 들고 휙 돌아보다 그냥 돌아올 때면 맷돌에 눌러 만든 우둘투둘한 두부도, 아랫목에 덮어두었던 시큼한 농주도 그리워진다.

손맛은 가슴 깊숙이 묻어두었던 고향의 정취를 자아내게 하고, 멀어지는 사람의 마음을 잡아당기는 원시적인 정인 것 같다.

봄날의 편지

그녀를 본 것은 우연이었다. 생각하지 않은 일이 내 앞에 툭 떨어져 너무 놀라 그 자리에 잠시 멈춰 섰다.

세밑이 되어 사람들이 대목장을 보느라 시장 안은 북새통을 이루었다. 사람 숲에 떠밀려 생선을 살 요량으로 어물 가게로 발을 옮기는데, 손놀림이 재바른 그녀가 언 고기를 앞에 두고 손질하고 있었다.

"오이소, 싸게 팝니다."

익숙한 경상도 말씨로 손님을 끄는 그녀를 먼발치에

서 보고 있노라니 갑자기 울컥 가슴이 미어졌다. 앞으로 나가지도 뒤로 물러서지도 못한 채, 엇갈린 사람 숲에서 그저 우두커니 서서 그녀를 바라보기만 했다.

몇 해 전이다. 수업 시간이 바빠 헐레벌떡 뛰어와 교실 문을 여는데 낯선 여인이 문 앞에서 서성인다.

"어떻게 오셨어요? 누구 찾으세요?"

그 여인은 나를 쳐다보더니 준비할 겨를도 주지 않고 덥석 내 손을 잡았다.

"선생님, 글 좀 가르쳐주소. 내 심장이 떨려 들어가지 못하고 있어요. 여기가 글 배우는 데 맞지요?"

그녀의 다급함이 내 심장까지 전해져서 잡힌 손을 놓지도 못하고 그녀를 바라보았다.

"잘 오셨어요. 여기가 그 교실 맞습니다. 저랑 같이 들어가요. 괜찮아요."

그녀 손을 잡고 다시 교실에 들어가자, 우리 반 늦깎이 학생들이 모자란 잠을 쫓으면서 연신 하품을 하며 나를 기다리고 있었다.

"오늘 새로 오신 학생입니다."

내가 소개를 하자 그녀는 어설프게 인사를 하고 교실 끝 의자에 조심스레 앉았다.

그녀는 60대 중반쯤 되어 보였다. 어린 날 학교 갈 나이가 지났는데도 동생, 오빠를 먼저 보내야 한다며 집에서 십 리 길을 걸어서 학교를 보냈지만, 자신은 나중에 가라고 해서 학교 문턱에도 가보지 못했다고 한다. 공부가 너무 하고 싶어 어느 날, 어린 동생을 학교에 데려다주면서 창 너머 글 읽는 소리를 따라 읽고 바닥에 써보다가 해 질 무렵 동생을 데리고 집으로 갔다고 한다. 지게 작대기를 들고 호통치던 아버지는 자신의 긴 머리를 확 잘라버렸다며 울먹였다. 오래 전 일이지만 아직도 가슴이 아프다며 쓸어내렸다.

그래도 참을 수 있었는데 가장 서러웠던 것은 열 식구의 장남인 남편 때문이었다고 한다. 그는 시댁 식구들 앞에서 그 나이에 글도 모르는 일자무식쟁이라고, 허구한 날 그녀에게 욕설을 밥처럼 했다고 한다. 억울

해서 울었는데 한이 될까 봐, 더 늦기 전에 용기 내어 달려왔다고 했다.

그녀는 새벽시장에서 생선 나르는 일을 했는데, 아침이 채 되기도 전에 학교로 달려왔다. 가장 먼저 와서 칠판을 깨끗이 닦아놓았다. 어찌나 열심인지 기침 한 번도 허투루 넘기지 않고 읽고 쓰고 생각하느라 눈빛이 빛났고 말 빛이 늘어났다. 멀찍이 있던 그녀는 나에게 조금씩 한발 다가섰고 점점 곁으로 들어왔다. 수줍던 그녀는 말솜씨가 늘어났고 목청이 좋아 졸음이 찾아오는 날에는 구성진 노래로 교실 분위기를 바꾸어주기도 했다.

"이래 좋은 곳을 와 미처 몰랐는지, 내 평생 후회는 없을 것 같아요."

그녀가 상기된 얼굴로 소녀처럼 좋아했다.

먼 산에 봄꽃이 앞서거니 뒤서거니 피고 봄 향기가 코끝을 간지럽히던 그날은 봄나들이로 모두 마음이 들떠 있을 때였다. 그녀가 공책에 비뚤비뚤 글자를 적어머뭇거리다 내밀었다.

'선생님, 사랑합니다.'

그러고는 또박또박 읽으면서 자기가 쓴 글이 맞냐고 물었다.

"네, 맞아요. 잘 썼어요."

"고맙습니다."

그녀의 어두웠던 낯빛이 환해지며 돌아섰다. 그날 집안에 일이 있다며 함께 나들이 가지 않았던 그녀의 뒷모습이 교실에서의 마지막이었다. 소풍을 마치고 학생들이 돌아간 텅 빈 교실 내 책상 위에 편지 한 통이 놓여 있었다. 언제 썼는지 구불구불 편지에는 얼룩진 눈물 꽃이 벚꽃처럼 퍼져 있었다.

선생님, 이렇게 불러봅니다. 태어나 학교라는 곳을 가 보았고 나를 받아준 첫 번째 선생님을 잊지 못합니다. 남편이 아파서 간호할 사람이 없어 더는 학교를 나갈 수 없어요. 선생님 볼 면목이 없어 이렇게 몇 자 남기고 갑니다. 선생님, 꼭 다시 오겠습니다. 고맙습니다.

연락도 되지 않고 예고 없이 뚝 끊어진 그녀의 발길은 나에게 깊은 상흔을 남겼다. 조금만 더 공부했다면 더 좋은 날이 있을 텐데….

 2년 만에 본 그녀는 언 땅에서 얼어 있는 고기와 사투하고 있었다. 정신을 차리고 생선 사는 것도 잊고 돌아서자, 그녀의 손놀림이 실루엣이 되어 따라왔다. 남편은 어찌 되었을까. 나는 왜 반갑게 그녀 손을 덥석 잡지 못한 것일까. 나를 선생이라 믿고 따라와 준 그녀의 갑작스러운 뒷걸음질이 원망스러웠을까. 스산한 겨울바람이 못난 내 그림자 위로 몰려왔다.

 오래전 그녀가 보낸 얼룩진 편지에 핀, 눈물 꽃이 한없이 떨고 있었다.

길 위에서 길을 찾다

　벚꽃 가로수 길을 걷는다. 옛사랑에 묻어버린 콧노래 한 소절 흥얼거려도 좋은 날 꽃잎은 우수수 비단길을 만든다. 논두렁 개울에서 아내들은 돌미나리를 뜯고 건너 밭가에서는 노부부가 사위도 안 준다는 약 부추를 장만하느라 꽃비 마중할 시간이 없다.
　이 길을 따라가면 기다리던 길이 있을까 낯설지 않은 그 길을 걷다가 감추고 싶은 또 다른 길이 기억 속에 맴돈다. 그 길은 아픈 길이었다.

너무 어린 나는 아직 생계 전선에 나갈 수 없기에 늘 혼자였다. 혼자 모래집을 짓고 사금파리로 동무하며 놀았다. 햇볕이 유난히 따가웠던 그날. 아버지의 헐렁한 고무신을 끌고 정지선을 넘어 길을 따라나섰다. 아이 손에는 바짝 말라버린 시커먼 오징어가 들려 있고 자신이 있어야 할 길 반대편으로 길을 따라나섰다. 낯선 건물을 지나고 낯선 얼굴들을 바라보며 발이 부르트도록 걷고 또 걷던 이 모퉁이를 돌아서면 내 집이 나올 것만 같아 따라갔던 그 길….
　가족 모두가 고단한 삶에 엉겨 있다가 해 질 녘 집으로 돌아와서야 아이가 보이지 않음을 알았다. 식구들은 뿔뿔이 흩어져 내 존재를 생각하며 찾아 나섰다. 나를 가장 먼저 발견한 것은 엄마였다. 집에서도 아이 걸음으로는 꽤 많이 걸어야 하는 길까지 온 것이다. 엄마를 보자 울음 범벅에 꺼억꺼억 거리면서도 여전히 손에는 오징어를 움켜쥐고 있었다고 했다.

살아오면서 길은 나를 두려움에 휩싸이게 했다. 잃어버린 길은 나를 '길치'라는 별명을 듣게 했다. 몇 번이고 훤하게 갔던 길이 아니면 혼자 간다는 것은 상상할 수 없었다. 어쩌다 겨우 찾아낸 길 위에 예정에도 없던 낯선 간판이라도 하나 서 있으면 나의 오감은 머리부터 곤두서서 떨게 만든다. 나의 길 찾기는 그 후로도 끊임없이 반복되며 내 주위를 맴돌았다.

"○○○문학사입니다. 약도 보고 찾아오시면 쉬워요."

드디어 나의 트라우마를 잠재울 일이 생겼다. 몇 해 전 등단한 잡지사에서 등단패를 받으러 오라는 연락이 왔다. 나는 이런저런 사유로 보내주면 안 되겠냐고 했더니, 축하의 자리며 꼭 와야 한다고 거듭 당부를 했다. 집 부근도 잘 찾지 못하는 내가 어찌 갈까 아득했다.

하는 수 없이 그날부터 매일 약도를 보고 또 보고 수첩에 꼼꼼히 적기를 여러 차례, 아예 외우다시피 하여 드디어 길을 나섰다. 몇 시간을 달려 버스가 터미

널에 도착하자 사람들은 각자 제 갈 길에 몰두하며 썰물처럼 빠져나갔다. 아무도 나의 갈등에 관심 두지 않았다. 머릿속에 그려진 약도를 끄집어내어 천천히 다시 한번 훑어보았다. '강변역에서 2호선을 타고 시청에 내려, 다시 1호선을 타고 종로5가에 내려 12번 출구로 나가면, 200미터 직진 후 왼쪽 붉은 빌딩 17층'이 내가 가야 할 목적지다.

나는 심호흡을 한 번 하고 비장한 각오로 발을 옮겼다. 사람과 사람에 섞여 그 길을 따라가기도 하고 가끔씩 나오는 안내 방송에 귀를 곤두세우며 불규칙하게 뛰는 심장을 잠재우며 한 걸음씩 낯선 길을 받아들였다. 한 시간 가까이 '숨은 길 찾기'를 하며 땀범벅에 지쳐갈 즈음, 내 앞에 우뚝 솟은 건물이 보였다. 분명 마지막 목적지 이정표에 있었던 그 빌딩이다. 갑자기 울고 싶기도 하고 웃음이 터져 나오기도 했다. 길게 심호흡을 하고 났더니 온몸에서 기운이 스르륵 빠져나가는 것 같았다. 17층 라운지에는 수상자 가족과 많은 축하객이 객석을 메우고 있었고 회원들이 친절하게 나를 수상 자리로 안내했다.

   잃어버린 길은 또 다른 새로운 길을 만든다. 여전히 길 위에서 온전히 자유로울 수 없지만 길에 대한 나의 트라우마는 여기서 멈추고 싶다.

쑥국

 엄마의 봄은 쑥국 한 그릇에서 시작된다. 그윽하게 끓여낸 쑥국을 식구들이 둘러앉은 두렁 밥상에 솥단지째로 올려놓고 한 그릇 가득 부어주며 말씀하셨다.
 "이게 봄이다. 젤루 힘이 나고 이것 한 그릇 먹어야 봄이 시작되는 거야."
 꽁꽁 얼었던 들판에 몇 번의 거센 바람과 몇 번 쌓였던 눈이 녹으면 땅속 깊이 마중하던 이른 봄이 서서히 따뜻한 기운을 받으며 살아난다. 까까머리 올라

오듯 논두렁 밭두렁 포시시 수줍은 새색시처럼 쑥이 여기저기에서 올라온다.

 어린 시절, 엄마는 겨울을 인내하고 올라온 쑥을 기다렸다는 듯이 나를 앞장세우고 바구니를 들고는 쑥밭으로 가곤 했다. 산 중턱에 매달린 해가 넘어갈 때까지 엄마는 쑥을 캐고, 나는 이파리 하나 꺾어 '집으로 간다 안 간다.' 하며 흥얼거렸다. 그 시간이 너무 길어 나뭇잎 떨구기 놀이를 했던 것이다. 그 놀이도 지루하면 가끔 쑥에 전심을 다하는 엄마를 바라보곤 했다. 엄마는 '고맙다, 고맙구나.' 하고 무언가 알 수 없는 인사말을 중얼거리며 앉은뱅이걸음으로 쑥밭에 파묻히듯 손을 움직이셨다. 그러다가 바구니 반쯤 담아내고선 "이만하면 되었다." 하고 긴 무명 치마를 펄럭이며 내 손을 이끌고 돌아가자고 하셨다. 나는 쑥 바구니를 들고 가면서 물어보고 싶었다. 그 많은 시간 어째서 바구니 반쯤밖에 못 채웠을까….

 해가 꼴깍 넘어간 좁은 골목길에 쩌렁쩌렁한 아버

지의 목소리가 울리면 마중은 내 몫이다. 포효하는 거친 바다와 사투하면서 인생을 건져 올리고 거인 같은 모습의 아버지를 볼 때면 문득 온밤을 새워 기어이 항구로 돌아오는 헤밍웨이의 《노인과 바다》가 생각났다. 아버지의 청새치는 무사한지 궁금해지기도 했다. 그런 아버지를 위해 엄마는 부엌에서 성스러운 식사를 만드셨다.

  펄펄 끓는 물에 넓적한 생선을 넣고 푹 곤다. 그런 다음 금방 밭에서 데리고 온 푸릇푸릇한 쑥을 넣어 적당한 양념으로 간을 하고 한 번 더 끓여내면 엄마의 쑥국이 완성되었다. 두렁 밥상에 쑥 향기가 가득하다. 비로소 봄을 만난다. 겨울엔 꽁치 완자탕, 봄에는 쑥국 한 그릇이면 움츠렸던 어깨가 확 펴진다고 믿는 엄마는 그 의식을 한 번도 거른 적이 없었다. 그처럼 엄마의 쑥국은 노동에서 무사히 돌아온 아버지에겐 위로의 국이며, 또 한 해를 무탈하게 보내게 해달라는 희망의 국이었다.

매화가 얼굴을 내미는 날이면 엄마가 들판에 솜솜히 다닌 것처럼 나도 천둥벌거숭이 되어 온 들판을 이리 뛰고 저리 뛰며 쑥을 캐러 간다. 겁이 많은 나를 동무로 짝을 해준 혜순 할매는 아예 허리춤에 보자기 하나를 달고 나온다. 나보다 서너 살 위지만 촌수는 할머니뻘이라 그냥 할매라 불렀다.

"오늘은 장 밭으로 가자. 거가 맨 천지가 쑥대밭이라 하더라."

아직 꽃샘추위가 엿보이지만 우리는 콧노래를 흥얼거리며 산을 넘는다. 쑥으로 시작하는 말잇기를 누가 먼저랄 것도 없이 쑥떡, 쑥버무리, 쑥개떡, 쑥국, 쑥대머리…, 주거니 받거니 끝나면 어느새 장 밭에 이른다. 사사삭 이른 봄바람이 휘이익 들판을 한번 스치고 지나가면 손가락만 한 아기 쑥이 쏙쏙 올라와 주인을 기다린다.

혜순 할매랑 한 무더기씩 원을 그어 서툰 솜씨로 쑥을 캐며 주머니 반쯤 차게 쑥을 도려낸다. 오랜 시간

쑥을 캐면서도 바구니 반쯤만 채운 엄마 마음을 알 것 같다.

"내일 또 있단다. 욕심내지 말고 요만큼만."

귓가에 맴도는 엄마의 음성처럼 주문을 외워본다.

"고마워, 고맙구나!"

"니, 그러다 쑥 귀신 될라."

그런 나를 보고 혜순 할매가 놀리곤 했다.

쑥국을 끓인다.

그 옛날 엄마가 그랬듯이, 생선과 쑥을 넣어 푹 끓인 국그릇을 앞에 놓고 인생의 전부를 자식에게 바친 고단했던 엄마를 위로하며 새로운 생명의 봄을 만나본다.

봄마중

봄이 오면 가장 먼저 하는 것은 열차를 타거나 바다를 만나는 일이다.

먼 산에 아직 잔설이 남아 있지만, 스르륵 목에 감기는 신선한 바람은 봄마중 가자고 나를 이끈다. 대합실 안은 떠나는 이 배웅하는 이의 미소와 아쉬움이 한꺼번에 와르르 몰려온다. 그 속에서 봄이면 만날 수 있는 또 다른 풍경이 있다. 시골 할매가 손수 캐어온 뿌리 실한 냉이며 달래는 열차를 기다리는 이들의 걸음을 멈추게 한다. 푸릇푸릇 살아나는 생명은 이별하는 이의 손을 놓게 하고 할매의 봄나물로 몰려든다. 열차가 오면 잠시 펼쳐진 난장은 순식간에 문을 닫는다.

  할매를 보니 지금은 볼 수 없는 풍경 하나가 소환된다. 얼마 전까지 다니던 느릿한 비둘기호 열차다. 그 열차는 수십 년간 이곳의 먹거리를 다른 곳으로 옮겨 주는 삶의 통로였다. 은비늘이 선명한 생선을 함지에 가득 담고 어머니들은 생선이 귀한 산골로 이고 메고 팔러 가는 것이다. 때로는 콩이며 보리며 곡식으로 바꾸어 오기도 하고 해가 뉘엿 기울면 빈 함지를 이고 다시 열차로 돌아온다. 열차 안은 고단한 하루를 내려놓은 어머니들의 웃음 밭이요, 꽃으로 피어나는 봄날이다.

  플랫폼에 도착한 열차는 목적지가 다른 이들을 싣고 긴 목청을 한 번 뽑아내고 서서히 움직인다. 머리 희끗한 노신사가 나의 앞좌석에 앉는다. 작은 가방 하나, 자동차 바퀴가 살짝 보이는 장난감 선물 꾸러미 하나. 그의 얼굴에 미소가 번진다. 어쩌면 손주에게 건네줄 선물에 마음이 설레는 것일까. 나도 덩달아 미소를 건네본다. 얼마쯤 달렸을까. 작은 포구가 보이는 역에서 열차는 멈추고 나는 내린다.

파도가 살랑살랑 넘나들고 해안을 끼고 나란히 붙어 있는 집들은 정겹기만 하다. 지붕이 낮은 마을에 햇살이 가득 내려앉는다. 포구에는 긴 동면에 두텁게 묶어 두었던 배들이 바닷길을 내고, 해진 그물을 기우느라 아내들의 손놀림이 바쁘다. 왠지 그의 얼굴에서도 다시 새봄을 만날 준비에 들떠 있고, 갈매기도 덩달아 기웃거리며 가슴을 연다.

바다를 바라본다. 겨울을 담았던 검푸른 물결은 지나가고 바다 끝이 보일 듯 연초록 물결이 거기 누워 있다. 그 길에서 열병을 앓던 나의 성장통을 만난다. 나의 성장통은 아직도 바다를 향해 닻을 내리며 돌아오지 않는 아버지의 그림자 속에 담겨 있는지도 모른다. 기억 속에 떠다니던 유년의 바다는 숨이 턱까지 차오르며 걷던 모랫길 위에서 끊어졌다 이어진다. 심호흡을 해본다. 오랫동안 묻어두었던 끈을 이젠 떠나보내야겠다. 세차게 일렁이는 바다도 여기까지 올 수 있는 힘은 무엇일까. 견디며 기다리는 것이다. 내 것을 다 내어주고도 침묵하며 자리를 비우며 겨울이 가듯이 봄에게 자리를 내어주는 기다림이다.

돌아오는 열차는 이제 막 태어난 새순이 하늘을 향해 꽃불처럼 피어나듯 싱그럽다. 나는 가슴 가득 새로운 봄을 안고 돌아온다.

어머니의 땅

아버지 부재로 어머니는 혼자되셨다.

배우자의 여읨은 나이가 많고 적음에 관계없이 슬픔 중에 가장 큰 슬픔이라고 한다. 아흔을 넘긴 어머니도 육십 년을 함께 보낸 아버지를 잃은 것을 받아들이지 못하셨다. 깊은 상실감과 절망감에서 힘들어하며 밥맛도 없고, 해가 지는 것이 무섭다고 하셨다. 오늘 정신이 어제와 다르다고도 하셨다. 남편과 나는 이십 년 살던 아파트를 서둘러 정리하고 어머니가 계신 시골집으로 들어왔다.

한낮에도 뻐꾸기가 울어대는 심곡리 마을에 깊은 정적이 흘렀다. 하루 종일 인기척 하나 없는 그 끝 언저리에 돌보지 않아도 피었다 지는 수국과 함께 호젓이 어머니가 계셨다. 함께 밥을 먹고, 함께 잠을 잤다. 혼미해지는 정신을 깨우기 위해 옛날이야기 책을 읽어 드렸다. 무겁고 힘든 일들은 하지 말라고 했다.

그런데, 그런데 이것이 아닌가 보다. 치유되어야 할 절망의 상처들이 커졌다. 조금씩 남편이 지쳐가고, 조금씩 내가 지쳐갔다. 어머니의 얼굴에선 웃음이 사라졌다. 우리는 너무 성급히 아무 일도 없었던 것처럼 가족이라는 울타리를 만들어버렸다.

어머니는 밤마다 산에서 노루가 내려와 가꾸어 놓은 콩잎들을 다 뜯어먹는다고 애달파하고, 자식은 노루도 먹고 살아야지 제발 괜한 곳에 신경 쓰지 말라고 했다. 알았다, 알았다 하시던 어머니는 거미가 새벽이슬에 집을 지을 즈음이면, 거기 콩밭에 앉아 계셨다.

"밭을 일구어 주어야 콩이 잘 달린단다. 땅처럼 정직한 것도 드물지."

콩밭에 엎드린 어머니를 보던 자식은 내년에 그 땅에 밤나무를 심어야 한다고 했다. 그러면 일을 하지 않으시겠지. 콩밭을 매던 어머니는 추수를 하고 나면 그 땅에 배추를 심어야 한다고 했다. 그래야 김장철엔 소식 없는 자식도 한두 번 볼 수 있지 않을까 하셨다. 자식은 일하지 않는 것이 편안한 삶이라 생각했다. 그러나 어머니는 자식이 태어나기도 전에 이미 그 땅을 먼저 만났다. 당신 삶의 전부가 그 땅에 흥건히 배어 있었다.

"시집와 보니 시아버지는 서당 훈장 노릇하고 집안이 그럴듯했는데 빛 좋은 개살구야. 뭐 먹을 게 있어야지. 그래서 추수한 콩 한 자루 메고 바닷가에 가서 생선이랑 바꾸었지. 생선을 통리 장에 가서 웃돈을 얹고 팔았더니 돈이 조금씩 모이는 거야. 조금씩 모아 밭을 사고 솜씨가 좀 있어서 이번에는 삼을 일구어 베를 짜서 팔았더니 또 돈이 모여 논을 사고. 어찌나 재미있던지 허리가 굽어지는지, 굶어도 배고픈지 모르고 일을 했어. 다 오래된 전설이지만…."

주섬주섬 옛일을 엮으시던 어머니 모습은 어느새 담장 아래 수줍게 얼굴을 내민 하얀 박꽃 같았다. 어머니는 땅마다 이름을 붙여 놓고 일을 할 때도 땅에게 중얼중얼 말을 걸면 내 이야기를 듣는 것 같아 정성을 다한다고 하셨다. 그리고 여기저기 이름을 부르며 고추밭을 갔다가 들깨밭을 갔다가 땅과 함께 시간을 보내셨다. 어머니의 숨고르기 시간들을 알지 못한 자식은 어느 날 문득 후다닥 일손을 접으라고 하며 기다려주지 않았다.

어머니에게 땅은 믿음이고 벗이었다. 한 톨의 씨앗이 믿음을 키우고 벗이 되어 먼 길 흩어진 가족에게 전해지는 것이 당신의 기쁨이라 여기신 것이었다. 남편과 나는 다시 설계를 시작했다. 어머니의 삶은 그저 옆에서 보아주는 것이라고, 육신이 고단하면 하나씩 내려놓으시리라. 여기까지 질곡의 시간들을 이어온 것을 감사하게 여기자고….

언젠가 가난보다 이별이 더 서럽다고 노래한 시인의 말이 떠오른다. "삶의 백 가지 간난을 견딘다 해도, 못내 이것만은 두려워했음이라."라는 시인의 말처럼 어머니는 지금 차마 두려워 열어볼 수 없었던 이별을 온전히 보내기 위해 다시 땅을 일구시는 중이었다.

바람에 감꽃들이 후드득 떨어져 마당 가득 꽃밭을 만든다. 거기 동그란 해가 어머니 어깨 위에서 웃고 있다.

3. 빗장을 열다

- 외투
- 비 오는 날의 풍경
- 두 번째 만남
- 묵호
- 보길도에서
- 안개가 걷히기 전
- 희망의 씨앗
- 거울
- 심곡리의 여름
- 빗장을 열다

외투

 고골리의 《외투》에서는 가난한 하급 관리였던 아카키 아카키에비치가 더는 수선할 수 없는 낡은 외투를 벗고 근근이 돈을 모아 겨우 외투 하나를 장만한다. 그러나 세상을 얻은 것처럼 기뻤던 그는 돌아오는 길에 강도를 만나 외투를 빼앗기고 만다. 그로 인하여 결국 화병으로 죽음에 이르고 유령으로 나타나 외투를 찾아달라고 호소하며 다닌다.

겨울을 나기 위해 나도 아카키에비치처럼 몇 해 만에 외투 하나를 장만했다. 유난히 추위에 약한 탓에 외투라도 준비하지 않으면 늘 방구들 신세를 져야만 했기 때문이다. 속이 추운 것은 어찌하여 견뎌볼 요량이지만 칼바람이 몰려오는 겉 추위로 늘 감기를 달고 다니는 나를 보고 어머니는, "허우대 멀쩡한데 어찌 저리 빌빌할까."라는 잔소리를 끊이지 않으셨다.

 잘 정돈된 외투를 보자, 또 하나의 외투가 오버랩되어 떠나지 않는다.

 그녀가 우리 동네에 들어온 것은 그리 오래전의 일은 아니다. 길었던 여름 햇살이 서서히 식어가고 담장에 덩굴장미가 제 색깔을 잃어갈 즈음이었다. 해가 설핏 넘어가고 있을 때였는데 골목 어귀가 왁자지껄해졌다.

 "와, 거지다."

 아이들이 몰려들고 집집마다 개들이 짖어대고 순식간에 좁은 동네가 발칵 뒤집혔다. 담 밖에서 일어나는 일들이 궁금해 어머니와 대문을 열고 나갔더니 쑥대머리를 하고 보퉁이를 안은 남루한 여자가 우리 집 담벼락에 기대어 쪼그리고 앉아 있었다. 한눈에 보아도 평범하지 않은 행색이다. 아직 더위가 채 가시지 않은 날씨에 켜켜이 겹쳐 입은 옷 위에 유난히 눈에 띄는 붉은색 외투를 입고 있었다. 때가 전 얼굴과 벌집을 연상케 하는 머리카락이 오랫동안 세상과 단절된 차림이었다.

어머니가 그녀에게 다가가자, 그녀는 배고프다는 말만 연신 되풀이했다. 끼니때가 방금 지난 시간이라 밥이 있을 리가 없었다. 어머니가 부엌에서 멀건 냉수 한 대접을 들고 나와 건네주었더니 낚아채듯 벌컥 들이키고 금세 자리에서 일어났다. 아이들과 개가 따라가자 그녀는 질질 끌리는 붉은 외투를 다잡아 온몸을 외투 속에 감추듯 넣고 자리를 떴다.

그런 그녀가 일주일에 한 번 어김없이 우리 집 대문을 열고 들어왔다. 그것도 가족들이 아침상에 둘러

앉아 한창 한 끼의 소중한 밥에 대하여 음미하고 있을 때다. 어머니는 기다렸다는 듯 두렁 밥상 옆에 따로 준비해 둔 밥 한 그릇에 뜨거운 국물을 얹어 들고 밖으로 나가셨다.

"날씨가 매우 추워졌네. 따뜻한 국이니 어서 먹게."

마루 끝에 걸터앉은 그녀는 어머니가 내어놓은 밥그릇을 보더니 고개를 한 번 숙이고 자기 앞으로 바짝 끌어당겼다. 그러고는 허리에 두르고 있던 보자기를 풀어 그 속에서 윤이 반짝 빛나는 숟가락 하나를 꺼내 들었다. 김이 올라오는 국밥 한 그릇을 허겁지겁 들이키고는 곧장 마당 옆 수돗가로 후다닥 갔다. 빛나는 숟가락을 정성스럽게 씻어 종이에 싸고 보자기에 둘둘 말아 허리에 동여매고 분신처럼 외투를 겉에 입고 대문을 나섰다. 그녀의 행위가 마치 자신과 약속한 의식을 치르는 듯 보였다.

먹을거리가 넉넉하지 않은 그 시절에도 변함없이 어머니는 우리의 귀중한 양식 일부를 덜어 그녀에게 건네주었다. 어떤 날은 어머니의 손짓으로 내가 밥을 가져다주기도 했는데 그때마다 그녀의 차림새를 보고는 머리카락이 쭈뼛쭈뼛 서는 것 같아 기분이 몹시 언짢았다. 어머니는 그런 나를 나무라며 한마디하셨다.

"사람은 다 똑같단다. 지도 태어날 땐 귀하고 귀했을 텐데 어쩌다 이런 세상을 만나서 고초를 당하누…."

어느 날 어머니는 철에 맞는 누비옷 한 벌을 그녀에게 건넸다. 그녀는 절레절레 손사래를 치며 어떤 사연이 있는지 외투는 도저히 양보할 수 없다는 듯 거머쥐고 받으려고 하지 않았다. 어쨌든 나의 양식을 축내는 그녀가 싫었다. 정신이 온전하지 않아 내 집에 드나드는 것도 두려웠고, 언제부턴가 배가 점점 불러오는 흉측한 모습도 보고 싶지 않았다. 그녀는 아랑곳하지 않고 열심히 우리 집 문턱이 닳도록 다녀갔다.

어떤 결연한 의지처럼 생존에 대한 굳은 욕구는 자신을 위함인지 아이를 위함인지 분간할 수 없지만, 그녀의 행동은 민첩하고 날랬다. 신문지가 덕지덕지 붙어

축 늘어진 생선을 마루에 던져두고 가는 날이 있는가 하면 어떤 날은 동전 몇 개를 어머니 손에 던져주고 아주 짧은 미소를 보내고 가기도 했다.

계절이 바뀌고 그녀가 걸친 외투가 하나도 이상하지 않은 겨울 시즌이 돌아왔다. 그리고 황량하고 쓸쓸한 겨울에 예수가 탄생해 준 것은 너무 기쁜 일이라고 모두 한마디씩 했다. 그날, 교회 종탑에서 울리는 아기 예수 탄생 찬양과 함께 일용한 양식보다 더 많은 과자 선물을 가득 안고 집으로 돌아오던 날. 어머니는 나의 선물 꾸러미보다 그녀가 오지 않았다고 안절부절 못하고 계셨다.

겨울이 푹푹 젖어 들어 세상은 더욱 마음을 움츠리게 했고 동네 누구 집이든지 대문의 빗장이 굳게 잠겨 심장이 얼어붙는 시간이 흘렀다. 여전히 어머니는 문을 열어 놓고 가끔 지나가는 발걸음 소리에 목을 길게 빼고 두리번거리며 끝내 오지 않는 그녀를 기다리셨다.

"못 먹어서 굶어 죽었는지도 모르지. 아이를 낳다가 잘못되었을 거야."

우수수 떨어지는 수많은 소문과 함께 그녀의 모습이 서서히 기억 속에서 잊혀 갔다. 어디서 왔는지 이름이 무엇인지 내가 알고 있는 것은 아무것도 없었다.

그런데 얼마 전 TV에서 보았던 한 여자가 그녀와 너무도 닮아 있었다. 서울 도심, 어느 동네에 빈집에 들어가는 한 여자 때문에 불안해서 대낮에도 집집마다 대문이 굳게 닫혀 있다는 뉴스였다. 외투를 머리까지 뒤집어쓴 한 여인의 실루엣은 오랫동안 잊고 있던 기억 한 자락을 아프게 잡아당겼다.

그녀에게 외투는 어쩌면 나와 세상을 연결하는 도구였을까. 어떤 사연으로 시간의 흐름이 멈추어졌을까. 이제는 따뜻한 국밥 한 그릇 말아줄 어머니도 없는 그 옛집에는 황량한 겨울바람만 휘감아 돌고, 세심히 살피지 못한 때늦은 나의 후회가 윤기 흐르는 외투 위에서 머뭇거린다.

비 오는 날의 풍경

 아침부터 먹장구름이 꾸물거리더니 한나절 지나자 후드득 비를 뿌린다. 비는 충충히 서 있는 소나무 숲을 흔들고, 앞마당 배롱나무에 잠시 앉았다가 다시 여린 호박잎에 앉아 본다. 주룩주룩 빗소리에 창 넘어가던 내 기억들이 어느 작은 찻집 앞에서 멈추었다.

 그날, 며칠 미루어 두었던 일거리를 안고 질퍽한 논길을 따라 그 찻집에 들어섰을 때, 해가 넘어가며 으스스 한기가 느껴졌다. 작은 난로에 얹어 있는 낡은 주전자엔 김이 오르고 책을 뒤적이던 그녀가 건조한 얼굴로 싱긋 웃어 보였다. 여전히 손님이 없는 안쪽은 바깥 풍경과는 너무 멀리 떨어져 있는 섬 같았다.

그녀를 알게 된 것은 꽤 오래전이다. 신입이던 나는 그날도 잡지사 광고 봉투를 잔뜩 들고 홍보하러 가는 길이었다. 굵은 빗줄기가 우산을 무시한 채 멈출 생각 없이 내렸다. 띄엄띄엄 낮은 집들이 몇 채 보일 뿐 어디고 마땅히 들어갈 데가 없었다. 봉투가 젖지 않도록 우산으로 비를 막으며 무작정 뛰다가 허술한 작은 찻집 앞 처마에서 겨우 비를 피하게 되었다. 안쪽 문이 살짝 열리더니 "들어오세요. 비 그치면 가세요." 젊은 여자의 자그마한 목소리에 나는 얼떨결에 따라 들어갔다. 탁자 서너 개가 전부인 소박한 실내는 텅 비어 있었다. 그녀는 읽다가 만 책을 덮어두고 따뜻한 차를 내어주었다.

시내와 떨어진 시골길. 사람이 올 것 같지 않은 그 찻집에 잠시 후 문이 스르륵 열리더니 자신의 키보다 더 큰 책가방을 끌다시피 한 어린 여자아이가 들어오고, 이어 생선 함지를 안은 머리 희끗한 할머니가 들어왔다. "비 많이 맞았네." 그녀는 익숙한 솜씨로 아이의 옷에 묻은 빗물을 털어내고 율무차 두 잔을 가져다주었다. 아이도 할머니도 말이 없고 그저 차를 마시기만 하였다. 어쩐지 그 광경이 참 신기해 보였다.

'툭툭' 비 떠는 소리에 나는 다시 주섬주섬 광고 봉투를 안고 일어서며 잘 쉬었다고 찻값을 냈더니 "오늘은 공짜예요. 다음에 또 오세요."라고 하였다. 할머니도 부스스 일어나 여자아이 가방을 함지에 담아 이고 손을 맞잡고 나갔다. 비 그친 말간 논길 위에 할머니 손을 잡고 걷는 아이의 풍경에 왠지 모르게 눈시울이 따가워 왔다.

찻집은 커튼이 내려지고 그녀는 삐걱거리는 자전거를 타고 논둑길로 멀어졌다. 돌아서려다 유리문에 붙은 작은 팻말이 눈에 들어왔다. '비 오는 날은 여기로 오세요. 찻값은 빗방울입니다.' 어쩜 이런 문구를 썼을까. 그녀가 점점 궁금해졌다.

며칠째 비가 내린다. 퇴근길 그녀의 찻집이 있는 쪽으로 발길을 돌렸다. 지루한 장맛비는 낮게 드리운 시골집 지붕 위에 내려앉고. 여전히 사람 기척 없는 그녀의 찻집은 빗방울이 에워싸고 있었다.

"지난번 그분 누구세요?"

"아, 우리 엄마랑 딸입니다. 어렸을 때 헤어졌다가 다시 만나게 되었어요. 같이 살자고 했더니 그건 몹쓸 짓이라고 하네요. 그래서 가끔 아이도 봐주고 이곳에서 쉬었다가 갑니다."

찻집은 그저 엄마를 위해서 열어둔 거라고 하는 수수께끼 같은 그녀의 말에서 또르르륵 빗방울이 떨어졌다.

그러고도 몇 번 그 찻집을 찾았지만, 그 후 그녀를 만나지 못했다. 오랫동안 인기척이 없었는지 문은 굳게 닫혀 있었고 낡은 자전거만 주인을 기다리고 있었다. 그해 심하게 났던 산사태로 물난리를 겪었을까. 엄마와 다시 살게 되었을까. 그녀에 대한 아무런 정보가 없어 후회가 되었다.

　오늘처럼 비 오는 날은 섬처럼 떠 있는 그 찻집이 몹시도 그립다. 비를 털며 어린 손녀의 손을 잡고 고단한 세월을 보낸 풍경도 아려온다.

　"비 오는 날은 여기로 오세요. 찻값은 빗방울입니다."

두 번째 만남

 지혜학교에서 백석을 만난 것은 두 번째 만남이다.
 아침부터 두통이 있어 우물쭈물 망설이다가 시간이 지나서야 무작정 나섰다.
 첫 번째 만남은 오래전 청량리에서 떠나는 밤 열차 안에서였다. 긴 시간의 축은 몇 번이나 변하여 거꾸로 시간으로 옮겨갔다.
 촌놈이 서울 상경 5년 만에 다시 고향으로 내려가는 밤 열차는 가슴이 미어지도록 서글펐으나 우리 앞에 거칠 것 없다며 무서울 것이 뭐냐고 한바탕 소리 지르는 한 무더기 청춘과 뒤섞여 열차와 청춘은 밤새 함께 달렸다. 문득 배웅 나온 친구가 가방 속에 넣어 준 시집을 꺼냈다. 한창 인기 있던 시인의 《눈물이 나면 기차를 타라》였는데, 책갈피에는 한 장의 필사한 시가 끼워져 있었다. 〈나와 나타샤와 흰 당나귀〉였는데 그때 만난 시인이 백석이다.

사실 백석이 누군지 몰랐다. 그 당시 나는 윤동주, 유안진 시에 꽂혀서 월급날이면 일부를 헐어 청계 5가 헌책방에서 귀한 시집을 찾아내어 번갈아 끼고 다녔다. 용돈이 넉넉하지 않던 당시는 친구의 생일이거나 기억해야 하는 사건이 있을 때 유행처럼 해주었던 선물이 시집이었다. 그것도 어려우면 서점에 걸터앉아 주인 몰래 좋아하는 시를 베껴오는 것이다. 그것을 다시 밤새 여러 장 옮겨 적어 다음 날 한 장씩 나누어주고 읽기도 하고 소감을 말하기도 했다. 잡지사 홍보부에 취직한 친구는 용돈을 쪼개서 시집을 샀을 것이고, 베껴

쓴 시는 의미가 있으니 아마 읽어보라고 주었던 것 같다.

그날 읽은 시는 왠지 귀향하는 나의 마음과도 닮아 있었고 한없이 슬프고 처량했다. 새벽이 올 때까지 몇 번이고 읽던 그 시는 기적 소리와 함께 어느 낯선 곳에서 사랑하는 사람들이 만나지 못하고 이별하는 모습 같기도 했다. 고향으로 돌아와 곧장 백석의 시를 베껴 나눔 동아리에 나눠주기도 하고, 몇 해 전 친구와 함께 통영 어느 골목길을 걸어보기도 하고 길상사를 찾아가 보기도 했다.

그런데 나의 시간이 삼십 대 잘생긴 모던 보이 시인 백석에게 머물러 있지 못한 것이 흠이었고, 천재 시인을 알아보지 못한 것이 흠이어서 점점 기억 속에서 사라졌다. 사회 속에서 단단한 동아줄을 잡기 위해 맹렬하게 달렸고 꺾어질지언정 낭창낭창 휘어지지는 않을 것이라는 신념은 사회와 적당히 타협하며 무디어지고 휘어져 갔다.

여러 해 지나 다시 내 누님 앞에 선 꽃처럼 불현듯 들어선 백석과의 두 번째 만남. 그는 수많은 삶의 질곡 속에서도 끝끝내 시를 사랑했으며 시를 쓸 수 없을 때까지도 시를 썼던 진짜 시인으로 돌아와 있었다. 그의 시를 다시 펼쳐본다는 것은 설렘과 떨림이었다.

 기억의 끝자락에 있던 시 〈고향〉은 병원에 갔던 백석과 그를 진찰하는 의원의 대화 속에 아버지와 아버지 친구도 다 있다는 표현들이 냉랭한 겨울, 찬바람도 견디어 낼 수 있는 따뜻함이 서려 있었다. 나는 읽어 가는 내내 고향의 얼굴들을 하나둘 떠올렸다. 고향이라는 낱말은 언제 들어도 마지막 나를 안아줄 수 있는 곳이 아닐까. 백석을 가장 사랑했던 윤동주 시인도 시 〈또 다른 고향〉에서 '고향에 돌아온 날 밤에 내 백골이 따라와 누웠다.'고 한 것처럼 고향은 마지막으로 내려야 할 정착지라고 말하고 싶다. 백석이 그런 고향에 열차가 오지 않는 끊어진 몇 리 길을 걷고 걸어 도착했을 때, 그날 밤 쭈글쭈글한 늙은 어머니가 서른

네 살 아들의 손을 붙잡고 말했다.

"우리 아들이 오마니한테 어찌 이렇게 늦게 왔?"

백석의 손등 위로 어머니의 눈물방울이 떨어졌지만, 백석은 아무 말도 할 수 없었다. 어쩜 고향이라고 부르는 그 끝에는 그리운 나의 어머니, 나의 가족이 있기 때문일 것이다. 말하지 못한 백석도 이미 이 땅에 안 계시는 어머니를 떠올리는 나의 마음도 한없이 울컥거렸다.

또 하나 매달렸던 시는 〈흰 바람벽이 있어〉였다. 이 시를 알기 전 나는 한동안 윤동주 시에 빠져 있었다. 특히 〈별 헤는 밤〉은 웬만히 외워서 손 편지를 쓸 때면 인용을 하곤 했다. 그런데 그 시어에 나오는 프랑시스 잠, 라이너 마리아 릴케 등이 백석의 〈흰 바람벽이 있어〉에도 똑같이 나온다는 사실을 알게 되었다. 나는 평전을 읽다 말고 동주의 시집을 꺼내서 읽어보았다. 아, 너무 몰랐네. 그러니까 이미 백석이 먼저 표현한 언어를 백석을 흠모한 동주가 나중에 이미지를 옮겨 쓴 것이었다. 아, 그렇구나. 사랑하는 마음이 얼마나 절절했으면 이렇듯 자신의 시에까지 옮겨 썼을까 생각하니 탐이 날 정도였다.

사물 하나하나 놓치지 않고 시로 승화시킨 백석에게도 시련이 왔다. 북한 체제에서 용납되지 않는 서정적인 자유시는 백석을 결국 자아비판대로 몰아갔고 절필하게 만들었다. 그는 왜 이곳으로 오지 못했을까. 아니 넘어오려고 하지 않았을까. 부모와 아내가 있는 곳을 떠나지 못한 것일까. 못내 아쉽기만 하다. 그가 열정적으로 사랑한 한 여인이 떠난 것보다 마음이 아려왔다. 만약에 말이다, 이곳에서 아직 시를 쓰고 있었다면 인간의 따뜻함과 무한한 자유와 서정을 노래했을 텐데….

백석 평전에는 백석의 시 한 줄 얻기 위해 그 시대에 살던 귀에 익은 시인들이 총동원됐다. 어떤 시인이 백석과 마주했는지 알게 되는 것 또한 즐거움이었다.

몇 해 전 이곳을 배경으로 〈묵호〉라는 시를 썼던 시인도 발견할 수 있어 한 편의 대하드라마를 보는 것처럼 반가웠다. 같은 시대에 살았던 선후배 시인들이 그의 시를 말했다. 천재 시인 백석이라고….

밤바다 모래 위를 걸어본다. 사면은 어둡고 집어등 불빛만이 바다를 비춘다. 시인은 떠나도 그의 시가 남듯이 두 번째 만난 백석을 이 순간 다시 놓치지 않으려고 모래 위에 그의 또 다른 시를 적어본다.

눈이 많이 와서
산엣새가 벌로 나려 멕이고
눈구덩이에 토끼가 더러 빠지기도 하면
마을에는 그 무슨 반가운 것이 오는가 보다
한가한 애동들은 어둡도록 꿩사냥을 하고
가난한 엄매는 밤중에 김치가재미로 가고
마을은 구수한 즐거움에 사서 은근하니 흥성흥성 들뜨게 하며
이것은 오는 것이다

- 〈국수〉 중에서

파도에 휩쓸려도 지워지지 않는 따뜻한 그의 시가 넘실대며 춤추고 있다.

묵호

온밤을 다해 달려온 열차는 긴 터널을 지나 파도 소리에 눈 비비며 천천히 묵호역에 닿는다. 아침의 정령들은 밤새워 풀어놓은 삶의 끈들을 다시 모아 단단하게 쥐고 하루를 딛는다.

수레를 끌며 어린 아들을 기다리던 김 씨 아저씨. 아저씨가 살던 굴다리를 지나 여자들의 어깨를 더욱 높게 했던 행복 양장점을 지나 설탕 녹인 물에 소다를 넣어 별 뽑기를 팔던 곰이네 상점을 지나면, 거기 엄마 등에 업혀 실눈으로 보던 영화관이 추억처럼 피어오른다. 아름다운 꿈을 수없이 찍어대던 사진관 아저씨는 이제 반백이 되어 안경 너머 눈으로만 셔터를 누르고, 펄럭이는 깃발 아래 모여든 항구의 고깃배들은 시퍼런 바닷물로 담금질을 한다. 항구 옆에서 아기를 안고 도루묵 알을 삶아 팔던 젊은 아낙네는 도시로 가고 메케한 연탄난로 옆에서 눈물 흘리며 보았던 청춘만화가게는 이제 해풍을 맞은 빛 좋은 건어물들이 매달려 춤추고 있다.

매 순간 지워지지 않는 그림들이 촛농처럼 굳어져 떠나지 않지만, 그래도 돌아보면 등대의 작은 불빛들이 오늘은 맑음으로 묵호에 내려앉는다. 삶의 순간들은 복권 같지도 않고, 꼬박꼬박 찍어내는 세금 용지처럼 한 치의 양보도 없다. 그러나 펄떡 살아나는 손놀림들이 분주하게 움직이는 묵호항은 더러는 쓴소리와 더러는 넉넉한 소리들이 버무려져 마음이 푸근해진다.

해가 머리 위에서 동그라미를 그리면 은빛 모래가

펼쳐진 바다 앞에서 그리움 한 대접으로 지친 속을 달래고 서둘러 가을 산을 만나러 간다.

가을 속으로 떠난 무릉계곡의 산자락은 기별 없이 온 나를 말없이 맞아주고 지난 욕심들을 잠시 내려놓고 쉬어가라 한다. 고개 하나 오를 때마다 자신의 모습 한 자락씩 내어주는 하늘 문 앞에 서면 누가 밤새워 기도하여 이렇듯 문을 열었을까 마음이 숙연해진다. 문으로 향하기 위해서는 고개를 드는 것이 아니라 숙여야지만 닿을 수 있다는 진리를 잊고 나는 자꾸 고개를 드는 것일까. 숨이 차오를 때마다 눈앞에 보이는 산은 바스락거리는 낙엽 소리만으로도 마음의 위로를 받는다.

잊어버리지 않는 이름 앞에 나는 언제나 작은 점 하나로 떠 있다 커다란 불덩이처럼 솟아오른다. 그러다 지쳐 쓰러질 때마다 나를 일으켜 세우는 묵호.

'묵호는 지금 깊은 호흡으로 백년을 꿈꾸며 익어간다.'

보길도에서

 사진 정리를 하다가 묵은 책갈피에서 사진 한 장이 뚝 떨어졌다. 뒷부분에 '세연정에서'라는 흐린 글씨가 보였다. 아, 여기구나. 정리하던 사진들을 내려놓고 한동안 세연정 속으로 떠났다.
 책에서만 만나던 섬. 나는 밤마다 그 섬을 꿈꾸었다. 시인 윤선도가 쓴 〈어부사시사〉를 곧잘 흥얼거렸는데 그때마다 시의 배경이 된 '보길도' 그 섬이 몹시도 궁금했다. 내가 "닫 드러라." 하고 시를 읽고 있으면 아이들도 함께 중얼거렸다. 벼르고 벼르던 그해 여름, 간단히 짐을 꾸려 그곳으로 떠났다.

아침부터 추적추적 내리는 여름비가 가슴 설레게 하며 가는 마음을 아는지 고요히 젖어 들었다. 땅끝마을까지 가야 만날 수 있는 보길도. 내가 사는 곳에서 남도는 멀고도 먼 거리였다.

어둠이 남도의 끝자락까지 내려앉을 때야 선착장에 도착하였다. 배는 이미 떠나 없고 다음 날 새벽 7시가 되어야 탈 수 있다는 민박 아주머니 말에 우리는 땅끝 마을에서 짐을 풀었다. 땅. 끝. 마을~. 길게 소리 내어 보았다. 어쩜 이곳이 이 땅의 끝이라는 말인가. 섬과 바다와 땅끝 마을. 그 이름이 묘한 기분을 들게 했다.

"어디서 왔는데 이리 늦었을까."

"동해시요."

"동해시? 동해시가 어디 있는디?"

"그럼, 망상 해수욕장은 들어보셨나요?"

"알제. 망상 해수욕장 하, 그 먼 곳에서 어째 여길 왔을까. 뭐 볼려고 왔제? 그래도 잘 왔어라. 고생했네. 한상 차렸으니 먹어보쇼. 맛이 기가 막혀. 낼 첫 배 타려면 푹 쉬소."

민박 아주머니가 내려놓고 간 상 위에는 금방 불에서 내린 자글자글 불타는 갈치조림과 주인장의 투박한 입담이 함께 버무려져 꽃섬을 이루고 있었다. 비릿한 바다 내음과 후덥덥한 남도의 밤이 깊어갔다.

아침 시간은 배를 타려고 몰려든 인파로 북새통을 이루었다. 카페리호는 물살을 가르며 한 번도 만난 적 없는 그 섬으로 데려다주었다. 우리는 먼저 세연정 호수 같은 연못으로 발길을 옮겼다. 사람이 너무 많아 제대로 볼 수 없었지만, 이곳에서 유명한 〈어부사시사〉 사계절의 시를 지었다고 하니 가슴이 벅찼다. 언제 들었는지 둘레를 돌던 두 아이가 계속 "닫 드러라 닫 드러라 중얼거린다. 북적거리는 사람들 속에서 빠져나와 학문의 즐거움이라는 '낙서재'로 향했다. 호젓한 집

한 채 넓은 마당 낙서재라는 현판이 걸려 있었다. 학문하던 옛 주인은 간데없고 방 안은 깔끔이 정돈되어 있었다. 마루에 앉아 잠시 숨을 고르며 앞산을 바라보는데 마주 보이는 산자락에 솟은 작은 정자가 '동천석실'이라고 일러준다. 윤선도는 매일 그곳에 올라 망망한 들녘을 바라보며 무슨 생각을 했을까.

그곳을 바라보니 문득 바다로 떠난 아버지가 그리워졌다. 바다 위에서 평생을 보내셨던 아버지. 닻을 내리고 올리면서도 바다 한 자락 우리에게 내어주지 않으셨다. 그래서 아버지의 노랫가락은 구슬펐고 철없던 나는 늦은 밤 아버지의 발걸음 소리에 잠들지 않고 언제나 양손 가득 안고 온 찬란한 사탕 봉지만 기다려졌다.

낙서재를 뒤로하고 마지막 배가 기다리는 선착장으로 향했다. 보길도에서 한 사흘 눌러 있고 싶었지만, 나의 바람과 달리 집에 두고 온 일거리가 내 머리끝을 자꾸 잡아당겨 발길을 돌릴 수밖에 없었다.

이 길을 다시 올 수 있을까. 어쩜 우리의 삶은 여행이고 새로운 여행을 위해 또 살아가는 것이 나의 길이라면 오늘은 여기까지 올 수 있음을 감사해야겠다.

> 날이 따뜻하도다 물 위에 고기 뛴다
> 닻 들어라 닻 들어라.
> 갈매기 둘씩 셋씩 오락가락 하는구나
> 지국총 지국총 어사와
> 아이야! 낚싯대는 쥐어 있다 탁주 병은 실었느냐?
> 　　　　　　　　　　　－〈어부사시사〉 봄 중에서

 노을을 등에 지고 돌아오는 길. 나는 아버지의 모습을 떠올리며 〈어부사시사〉를 흥얼흥얼 읊어보았다.

안개가 걷히기 전

　-안개에 유혹당하지 말 것, 시간을 빼앗기지 말 것. 벗어나면 당신은 환상인 것을 알게 되지.

　저녁이 내려앉은 도로엔 퇴근 차량으로 부산하다. 여기저기에서 울려대는 경적음 소리에 차들은 여전히 꿈틀대고, 빈틈을 찾아 달리던 차들도 빨간 신호등으로 바뀐 정지선 앞에 씩씩대며 멈추어 섰다.
　미적거리다 출발이 늦었다. 아무래도 강의 시간에

맞추려면 달려야 하는데, 신호등은 붉은색을 사수하려는 듯 좀처럼 바뀌지 않는다. '빵빵!' 그때 내 옆 차선에 서 있던 청색 트럭이 창문을 내리며 무어라고 소리친다. '길을 묻는 건가?' 창문을 내렸다.

"사모님, 전복 드실래요? 그냥 드려요. 갓길에 잠깐 차 좀 세우세요. 절대 돈 안 받아요."

신호가 바뀌고 어느새 내 얇은 귀는 잡은 핸들에 명령을 보내듯 스르르 미끄러져 갓길에 어정쩡 차를 세우고 있었다. 수산 차량이라는 흰색 글씨가 눈 안으로 선명하게 들어왔다. 부산 등록번호가 붙은 큰 트럭이 세워지면서 건장한 청년이 뒷문에서 상자 두 개를 들고 나왔다.

"이건 농어, 이건 전복. 택배 차입니다. 시간 늦게 와서 아무도 만날 수 없어 그냥 가져가는 길인데, 괜찮으면 드세요. 그냥 두면 상할 것 같고…."

상자 뚜껑을 열자 금방 뭍에 오른 듯한 전복이 얼음 위에서 알몸을 드러냈다.

"그런데 왜 그냥 주세요?"

제법 가격이 나갈 것 같아 석연치 않은 투로 툭 한마디 던졌다.

"맞아요. 전복 십만 원, 농어는 냉동이지만 부산에서 가져온 진짜인데요. 정, 주고 싶으면 기름값이라도 조금 주셔도 되구요."

'그럼 그렇지, 세상에 공짜가 어디 있냐.'고 나는 혼잣말로 중얼거렸다.

"아니, 됐어요. 제가 지금 무척 바쁘거든요."

문을 닫고 시동을 걸었다. 그런데 청년은 상자를 든 채 차를 가로막고 가져가라고 애원하듯 했다.

안개가 바다 가까이에서 밀려와 순식간에 거리를 덮는다. 그 청년 어깨 위로 안개가 내려앉아 생선 상자를 든 모습이 뿌옇게 가려졌다. 문을 열고 상자를 차에 실었다. 지갑에서 돈을 만지작거리다가 오만 원을 건네주었더니 몇 번이나 고맙다고 꾸벅 인사를 하고 대형 탑차를 타고 안개 속으로 사라졌다.

'휴, 속는 줄 알면서 또 일을 저질렀네.'

다시 시동을 걸어 구름같이 떠 있는 안개 속으로 달렸고 다행히 교수님은 조금 늦게 도착했다.

드라이아이스라도 뿌린 것인지 꽁꽁 얼어 손도 댈 수 없는 생선 상자는 이틀이나 뒷좌석에서 버젓이 손님처럼 타고 다녔다. 다음 날 항구에 가져가 할복하는 할머니에게 장만해 달라고 했다.

"매운탕 거리로 만들어 주세요."

"여기 고기 아니네. 민물고기인데 한 만 원 줬슈?"

"네?"

이 무슨 날벼락. 생선 손질로 이십 년이 넘었으니 척척박사구나.

"아니요, 얻었어요."

모기만 한 소리로 힘없이 대답하고 삼천 원 주고 손질한 생선을 가져와 매운탕을 끓였다. 그 청년에 대한 원망의 조미료를 팍팍 넣고, 아니 여기까지 생선을 들고 이리저리 뛰어다니던 용기의 고춧가루도 듬뿍 넣고 부글부글 끓을 때. 남편 앞으로 문자를 보냈다.

'일찍 오면 대박, 놀라운 매운탕 있음. 고난주간이라 알코올은 삼가함.'

저녁 시간 회식 자리도 뿌리치며 왔다는 남편은 들어오자마자 식탁에 놓인 김이 오른 매운탕에 눈길을 주었다. 연신 얼큰하고 맛있다며 냄비 바닥이 보일 때쯤 땀을 닦으며 수저를 내려놓았다.

"안개는 유혹이라는 말 아세요? 와, 마구 밀려오네."

베란다로 나간 남편이 혼잣말로 흥얼거리며 상념에 젖는다. 열어놓은 창문 사이로 늦은 안개가 밀려왔다. 아파트 전체가 안개에 덮여 가로등 불빛만 희미하게 서 있다. 집들은 안개에 일렁이며 파도타기를 하는 것 같았다.

'어쩜, 그 청년의 말은 다 맞을 거야. 내가 믿지 못해서야. 이건 화해의 매운탕인걸.'

나는 스스로 위로하며 며칠 소원했던 남편과의 불편한 앙금들을 냄비 속에 소복이 쌓인 생선 뼛속으로 던져 넣었다.

　-안개에 유혹당할 것. 가끔 시간을 빼앗겨도 괜찮음. 벗어나면 당신은 사는 동안 이런 환상도 있다는 걸 알게 되지.

희망의 씨앗

 지난주에는 늦깎이 학생들과 시조 공부를 하다가 우리가 직접 시조를 지어 보기로 했다. 여러 해가 지났지만, 아직 자신의 마음 열기를 어려워해서 오늘은 마음껏 표현했으면 하는 욕심이 조금 앞섰다.
 처음, 중간, 나중 첫 부분만 세 글자로 맞추어 보고 어떻게 써도 좋으니 써보자고 했더니 뒤로 벌러덩, 여기저기서 못한다고 웅성거리며 고개를 절레절레 흔든다. "알았어요."라고 대답을 하고 보니 나도 포기하고 싶지 않아 잠시 생각하다가 다시 말했다.

"그럼, 시 하나 읽어줄게요. 이분의 시를 옮겨 써도 되고, 내 생각 한 줄만 들어가도 되고, 어떤 이야기든 막 풀어 적어도 되니 자 해보자고요."

오래전부터 기억 속에 자리하고 있던 몇 줄의 시를 꺼내어 읽어주었다. 잠시 침묵이 흐르더니 어른 학생들의 '슥삭슥삭' 연필 지나가는 소리가 창밖의 낙엽 구르는 소리와 겹쳐왔다. 한참만에 교실을 다니며 한 분 한 분 적은 것을 읽어보니 참 진솔하고 솔직했다. 잘 썼다고 격려를 해주었다. 그런데 발을 뗄 수 없는 글 한 편이 눈에 확 들어왔다. 글자 수도 어쩜 이리 잘 맞추었는지 읽고 또 읽으면서 가슴이 뭉클했다.

"이렇게 써도 되는지요."

부끄럽다며 공책 위에 가렸던 손을 살짝 들어 보였다.

    낳으면 뭐하나 글도 안 가르치고

> 가난하다 배고팠다 그분의 말씀
> 세상도 이리 좋으니 한탄 말고 열심히 배우자.
>
> 희망도 없던 나에게 꿈이 생겨요
> 요렇게 글자 알고 나니 글도 쓰고요
> 내 꿈은 멋지게 편지 쓰는 거예요.

 그녀가 처음 이곳에 오던 때가 물안개 피어나듯 떠올랐다. 분주한 아침을 뒤로하고 종종걸음으로 교실에 왔더니 나보다 서너 살 연상인 듯 낯선 여인이 교실 뒤에 서성이고 있었다. 어떻게 왔냐고 했더니 글 배우러 왔는데 여기로 가면 된다고 해서 왔다고 했다. 그녀는 자신을 소개하고 나서도 부끄러움과 긴장 탓인지 얼굴 전체가 땀범벅이 되어 붉어졌다. 괜찮다고 잘 오셨다고 마음을 다독여주고 마침 결석한 분이 있어 비어 있는 앞자리를 권했다. 학교에 가본 적 없다던 그녀는 그날부터 어찌나 열심히 듣고 쓰는지 배움에 목말랐던 그동안의 시간을 보상이라도 하듯 솜처럼 쑥

쑥 받아들였다.

어느 날 그림 그리는 시간에는 "바다 위에 배를 그려 보세요." 했더니 처음에는 머뭇거리다가 삭삭 연필을 쥐고 집어등이 달린 배를 그려내어 나를 깜짝 놀라게도 했다. 색감 배합도 뛰어나서 실제 배가 고동 소리를 내며 움직이는 것 같아 신사임당 후예라고 칭찬도 아끼지 않았다. 말수가 적은 그녀도 가끔은 재미있는 화재로 교실 분위기를 웃음으로 바꾸었다. 어떤 이야기를 해도 "예, 알겠습니다." 긍정적인 그녀를 나는 희망이라는 별칭을 지어 부르기도 했다.

가을걷이가 한창이던 때 장터에서 우연히 희망 씨를 만났다. 그녀는 명태 다발을 가득 이고 좁은 골목을 헉헉거리며 걸어오고 있었다. 혹시 불편할까 봐 돌아서 가려는데 그녀가 나를 불러 세웠다.

"선생님, 그냥 가시면 서운하지요."

나를 끌다시피 해서 우리는 가까운 국밥집에 마주 앉게 되었다.

"선생님, 저는 지금 얼마나 행복한지 몰라요. 사는 것이 너무 즐거워요. 예전에는 세상이 나에게 너무 가혹하다고 생각했는데 이제는 세상이 새롭게 보여서 정말 살맛납니다."

그녀는 어디에도 쏟아내지 못한 얘기를 털어 놓았다. 부모 여의고 외할아버지 손에 끌려 걸어걸어서 산골 어느 집에 갔는데, 며칠 있으면 데리러 오겠다던 할아버지는 안 오시고 그날부터 부엌일, 나무하기, 빨래며 온갖 집안일을 했더란다. 학교 갈 나이가 지나도 보내주지 않아 학교 가고 싶다고 했더니, 네가 학교 가면 집안 살림은 누가 하냐고 밥 굶기지 않고 거두는 것만 해도 다행인 줄 알아야지 하더란다.

어느 날 교복 입고 가는 여자아이 모습이 어찌나 부러운지 결심하고 그곳을 나와 냉동 공장으로, 조립공장으로 흘러흘러 일하다가 좋은 사람 만나 결혼하게 되었단다. 늘 배우지 못한 자격지심이 마음에 있었는데 다행히 남편이 적극 추천해서 왔다고 했다. 한 편의 소설 같은 이야기를 털어놓은 그녀의 볼에 뜨거운 눈물이 쏟아졌다.

"그런데 이젠 왜 살아야 하는지 희망도 생기고 공부도 하고 일도 할 수 있어 정말 좋아요. 이게 모두 선생님 덕분이지요."

굳이 국밥값을 내겠다는 그녀를 만류하고 값을 치르고 나오자 어느새 장바구니에 명태 다발이 얌전히 담겨 있었다.

"이건 가져가셔야 해요. 제가 직접 손질한 겁니다."

장바구니 가득 그녀의 선물을 안고 돌아오는 내내 가슴이 아려왔다.

도서관에서 찾은 시를 그날 교실에서 읽어주었는데, 그 구절들이 오래된 유품처럼 흘러나온 것은 어인 일일까? 사람과 사람 사이가 마른 장작처럼 건조해져버린 흐름 때문인가…. 시집을 다시 펼쳐본다. 시인은 희망을 찾으라고 하지 않는다. 절망도 없는 것이 절망이며, 슬픔도 없는 것이 정말 큰 슬픔이라고 했다. 다른 이에게 희망이 될 각오까지 할 필요도 없다. 그저 스스로에게 희망이 되는 사람이면 충분하다고 한다. 타인에게 희망이 되는 존재. 그것이 축복의 통로로 성장의 길이리라.

  학생이 된 그녀가 다시 판도라 상자를 안고 뚜벅뚜벅 걸어갈 때, 스스로 희망이 되길. 희망의 길을 잃지 않기를 깊이 바래본다.

거울

-거울은 어떤 대상을 그대로 드러내거나 보여줌.

 일흔이 넘은 늦깎이 학생들과 자연 체험학습을 갔다. 울긋불긋 색색이 그녀들 모습은 가을 그 자체였다. 설레서 잠을 못 잤다는 영순 어머니. 계속 비 뿌리면 어쩌나 하늘만 봤다는 당골 댁 어머니. 모두 함박웃음이다. 아직 세상 밖으로 자신 있게 나가본 적이 없기 때문에 상상만 해도 설렘일 것이다.

몇 시간 달려 도착한 그곳의 하늘은 말갛게 개어 청량한 파란 얼굴을 내어 보이고 계곡의 물소리도 돌돌돌 싱그럽게 들렸다. 학생들은 숲길을 걸으며, 해설사가 설명하는 처음 들어보는 나무 이름을 들으며 나무를 만져보기도 하고 향기를 맡기도 했다. 어머니들은 자신들이 자주 본 느티나무가 왜 마을 어귀에 서 있는지 이야기를 들을 때는 고개를 끄덕여 보이기도 했다.

돌아오는 길에는 시간이 좀 남아 대관령박물관을 돌아보았다. 물레방아는 시원하게 물을 뿜고 돌아가고 가을꽃들이 주위에서 한들거리며 우리를 마중하고 있었다.

실내는 옛 조상들이 쓰던 물품들이 시대별로 전시되어 있어, 어머니들도 사용해 본 물건들이 눈에 띄어 반가워하기도 했다. 가마 타고, 산 넘어, 바다 건너 시집왔다는 이야기도 두런두런 나누면서 딱딱하고 두꺼운 신발은 어떻게 신고 다녔을까 궁금해하기도 했다.

휘리릭 둘러보고 돌아가려는데 늘 조용한 서순 어머니가 복도 끝에 전시되어 있는 청동거울 앞에서 발을 떼지 못하고 하염없이 쳐다보고 있었다.

"이 거울도 얼굴이 보이나요?"

그녀는 청동거울을 가리키며 물었다.

"그럼요. 이 거울에도 모습이 보이지요."

"아주 오래된 시절에도 거울이 있었는데…. 그리 오래된 옛날도 아니었는데, 나는 거울 하나 없이 살았을까요."

어머니는 한숨을 쉬며 중얼거렸다.

그녀의 이야기는 봇물 터지듯 흘러내렸다. 시집와 보니 아래로 시동생 셋, 시누이 둘, 시부모까지 모두 여덟 식구가 방 두 칸에서 올망졸망 생활하고 있더란다. 얼마나 가난한지 남들 다 보는 거울 하나 없이 살고 있어서 새색시는 매일 머리 만지는 일이 제일 힘들었다고 했다. 그때 시아버지가 귀하게 여기며 쓰는 놋세숫대야가 있었는데, 새벽마다 일어나 놋대야를 닦아서 희미하게나마 보이는 모습으로 머리를 빗고 가르마를 타고 옷을 정갈하게 했다고 한다. 몇 년을 그렇게 보냈는데 어느 날 장에 갔던 남편이 소 판 돈으로 작은 거울 하나 사 가지고 와서 어찌나 기뻤던지 그 거울을 안고 울었다고 했다. 그 후 많은 시간이 지났는데도 거울만 보면 옛 생각이 나서 발이 떨어지지 않는다고 하셨다. 어머니를 다독이고 버스에 올랐다.

 집으로 돌아와 창고에서 사물함 하나를 꺼냈다. 먼지를 털어내고 뚜껑을 열었다. 얼레빗, 거울, 노리개 등 방물장수 함지박처럼 다양한 나의 보물들이 들어 있었다. 하나씩 생길 때마다 작은 단지함에 넣어두었던 것들이다. 물건을 뒤적이다가 물방울무늬가 그려진 손잡이가 거울 하나를 찾아냈다. 지금은 흔하디흔한 물건이지만 왠지 드리고 싶어 포장을 했다. 어머니의 미소가 저절로 그려졌다. 거울을 보며 잘 익어온 어머니의 아름다운 모습도 드러나면 좋겠다.

심곡리의 여름

 심곡리의 아침은 새소리로 시작된다.
 뻐꾸기의 청아한 울음은 들을수록 애잔하다. 남의 둥지에 알을 낳아야 하는 미안함을 표현하는 것일까. 엄마가 여기 있으니 겁내지 말라는 것을 새끼에게 알리는 것일까. 그는 고요한 한낮에도 울음소리로 대신한다. 형제봉으로 해가 솟아오르면 연이어 시작되는 물총새, 찌르레기, 꾀꼬리 거기다 이름을 알 수 없는 새들까지 모여 연주하는 합주는 일터의 하루를 응원하는 축제로 펼쳐진다.

시골 생활에 손 방망이인 나에게 그들이 주는 귀한 선물이었다. 이 특별한 선물은 여기서 그치지 않는다. 마을 가까이 내려앉은 여름 밤하늘은 수많은 별 무더기가 꽃 무더기가 되어 집집마다 쏟아지며 내 얼굴 위로도 내려앉는다. 어느 곳에서 이런 하늘을 볼 수 있을까.

그런데 내 생활들이 시골 살림에 조금씩 물들어 갈 때 예기치 않은 일이 생겼다. 그날 밀린 업무를 마치고 늦은 시간 남편과 함께 귀가했다. 캄캄한 시골길은 띄엄띄엄 켜진 가로등과 하늘의 총총한 별과 자동차 불빛이 전부였다. 운전대를 잡은 나는 좁은 논둑길을 천천히 접어들었다. 얼마쯤 갔을까. 차 앞으로 큰 물체가 스윽 지나가는 것이다. 무엇일까. 자동차 불빛을 환하게 올려보았다.

소였다. 송아지보다는 조금 큰 중간 정도의 소가 긴 고삐를 끌고 어슬렁어슬렁 우리 앞으로 지나가고 있었다. 차를 천천히 움직이며 소 뒤를 따라갔다. 소는 한 번 힐끔 돌아보고 두리번두리번하더니 다시 논길을 따라갔다.

"이를 어쩔까. 누구 집 소 고삐가 풀렸나 봐. 어디 매어두었다가 밝은 날 주인 찾아줘야 하지 않을까?"

"그래야겠어요. 소 잃어버린 주인은 얼마나 마음 아플까. 소값도 만만치 않을 텐데요…."

어린 시절부터 소를 보아온 남편은 차 문을 열고 스스럼없이 소 뒤를 조금씩 따라가 이때다 싶어 고삐를 잡았다. 그런데 순식간이다. 상상할 수 없는 일이 일어나고 말았다. 소는 갑자기 돌변하여 뒤돌아서 거대한 몸체로 남편을 밀어제치고 경중경중 달아나버렸다. 그 바람에 남편은 공중으로 붕 떠서 논둑으로 떨어졌다. 너무 순간적으로 일어난 일이라 운전대를 잡았던 나는 숨이 턱 막혀 꼼짝도 할 수 없었다. 남편은 움직이지 못했고 결국 119 도움으로 응급실에 실려 갔다.

다음 날. 석두골 미진이네 소가 뛰쳐나간 지 하루 반나절이 지났다는, 마을회관 방송이 골골이 퍼졌다. 이미 남편은 병원에서 치료 중에 있었다. 사정은 그랬다. 미진이네는 장날 큰맘 먹고 있는 몫돈 다 털어 중간 소 한 마리를 샀다고 했다. 집까지 잘 데리고 와선 차에서 내려 외양간에 매려고 하는 순간 그만 소가 달아나고 말았다고 했다. 힘쓰는 마을 청년들이 달려갔지만 막무가내로 달아나서 쫓아가지 못했다고 한다. 뒷산으로 찾아다녔지만 허탕 치고 하루가 지나 집으로 돌아가지 못한 그 소를 우리가 만난 것이었다.

사람들은 그 소가 성질이 고약하다고 했고, 또 낯선 곳으로 오니 불안해서라고도 했고, 힘이 세니 주인도 어쩌지 못하는 소라고 의견이 분분했다. 몇 가구 살지 않는 심곡리가 한동안 집 나간 소 이야기로 떠들썩했다.

지난 시간을 곰곰이 생각해 본다. 소는 하루 이상 자신의 안식처로 가지 못하여 마음이 불안해 있었을 것이다. 어두운 밤 돌아갈 집은 찾을 수 없고 누군가가 나의 고삐를 잡고 간다면, 자신을 보호하기 위해 경계했을 것이고 필사적으로 달아났을 것이다. 불안하고 초조했던 소의 마음을 읽지 못한 것일까.

나도 때로는 나의 생각이 정답이라고 타인에게 강요한 적은 없었는지…. 소 사건은 나를 다시 한번 돌아보게 했다.

몇 해 전 일이지만 가끔 이른 아침 농부가 이끄는 소를 볼 때면 남편의 지난 시간들이 추억처럼 밀려온다. 심곡리의 여름은 논두렁에 내려앉아 깃을 활짝 편 학의 자태처럼 오늘도 고고하게, 풍성하게 익어간다.

빗장을 열다

 사람마다 빗장이 있다. 너무 오랫동안 닫아두었다면 어두운 늪에서 스스로 깨어나 풀어볼 수 있어야 하겠다.
 수국이 탐스럽게 피던 날. 건넛방 아랫목에 그림자처럼 누워계시던 외할머니가 돌아가셨다. 엄마는 울다가 눈물이 말랐는지 꺼억꺼억 뼈마디 부딪히는 소리를 냈고, 그 울음소리는 빗물에 씻겨 사방으로 흘러내렸다. 사천 댁 아줌마가 건너와 호상이라고 아주 편안히

가셨다고 엄마를 위로했다.

  부엌문에 기대서서 엄마가 좋아하는 수국을 본다. 아무 일도 없다는 듯 그저 저희들끼리 흔들거리는데 "이제 희고 큰 왕눈이 사탕도, 색색 무지개 과자도 먹을 수 없다."고 생각하니 갑자기 외로워진다. 외로움은 견디는 것일까, 안고 가는 것일까.

  외할머니는 내가 초등학교 졸업할 때까지 우리 집에 계셨다. 아니다 돌아가실 때까지 쭉 우리 집에 계셨다. 얼굴 한 번 본 적 없는 외삼촌은 으리으리한 대궐집에 논밭이 줄을 이었다고 잠깐 다니러 온 이모가 입에 침이 마르도록 얘기했지만, 그때마다 할머니는 돌아누워 귀를 닫으셨고 엄마는 이모의 말을 막았다. 어찌 되었든 내가 태어나기도 전 우리 집에 계시던 외할머니는 바느질 솜씨가 좋았고, 옛날이야기를 자주 들려주셨다. 동화책이 귀하던 때라 책을 자유롭게 볼 수 없었지만, 나는 책보다 웬만한 이야기를 할머니에게 들어 줄줄 꿰고 있었다. 여름밤에는 마루에 누워

〈따오기〉 노래를 알려주셨고, 《장화홍련전》이나 호랑이가 나오는 옛 얘기는 몇 번을 들어도 재미나고 긴장감이 돌았다.

가끔, 할머니 방에서 엄마의 목소리가 문밖으로 새어 나오거나 때로 하늘을 멍하니 쳐다보는 날이 많아질 때면 나는 가슴이 철렁 내려앉았다. 그런 날은 언제나 굳게 닫혀 있던 다락방 빗장이 철컥 열리고 엄마는 한동안 안방에서 꼼짝하지 않으셨다. 나는 안절부절못한 채로 방문을 드르륵 열고 들어가면 엄마는 손사래를 치며 얼른 열어놓은 다락문을 닫고 빗장을 채우셨다. "엄마, 다락 안에 뭐 있는데 맛난 거면 나도 줘." 이 철없는 질문에 표정 없는 엄마는 한 번 쓱 미소를 짓고 "나중에." 하시며 말문에도 빗장을 걸었다.

아랫집 순덕네 엄마가 아이 넷을 놔두고 야반에 떠났다는 소문이 퍼지자 나는 엄마의 치맛자락을 꽉 쥐고 따라다닌 기억도 어렴풋하다. 그 후로 몇 번 안방의 다락문은 열고 닫혔지만 궁금해하던 나와는 달리 엄마는 별말이 없으셨고, 나도 성장통을 앓느라 조금씩 잊어버렸다.

  몇 해 전 할머니도 엄마도 떠나고 아니 계신 옛집을 찾았다. 돌보는 이 없어도 마당가 수국은 빛바랜 모습으로 피어 있었다. 엄마가 거처하던 안방 문을 열었다. 엄마의 흔적이 아직 곳곳에 남아 있었다. 먼지가 쌓인 다락문은 주인을 잃은 채 굳게 닫혀 있었다. 빗장을 열었다. 끼익 소리를 내며 둔테가 철컥 빠지자 문이 열렸다. 어두운 정적에 휩싸인 다락 안에는 할머니가 평소에 쓰시던 물건들이 여기저기 놓여 있었다. 나의 기대와는 달리 소소한 물품들뿐이었다. 엄마는 무엇을 나중에 보여준다고 했을까. 나는 다시 이것저것 뒤적이다 보자기로 묶인 상자 하나를 찾아냈다.
  보자기 양 끝을 당겨 보았다. 촘촘히 묶인 보자기가 스르르 풀리더니 흐릿한 흑백사진이 담긴 액자가 얼굴을 내밀었다. 말갛게 웃고 계신 외할머니, 단발머리 이모, 할머니 손을 꼭 잡은 엄마 그리고 그 옆에 훤칠한 키에 적당한 체격의 남자. 눈이 부리부리한 그분은 아마 외삼촌인가 보다. 나는 사진 속 얼굴들을 찬찬히 바라봤다. 엄마는 할머니의 쓴소리가 있을 때마다 아린 속을 보듬으며 이 사진을 보며 원망과 하소연을 했을까. 아니면 먼저 가신 외삼촌을 그리워했을까. 그도 아니면 혼자 지고 가야 하는 고단한 삶을 여기다 풀어놓았을까. 여전히 사진 속 얼굴들은 내게 물음을 던지고 있었다.

돌아오는 길에 꽃집에 들러 보라색 수국 몇 송이를 샀다. 한낮의 연당은 태양이 내리쬐어 인적이 드물고 고요했다.

"엄마, 이제 시간의 빗장 모두 풀어놓으시고 편히 쉬세요."

4. 치유의 시간

- 안녕, 나의 집
- 발에 대한 단상
- 봄을 만지다
- 도서관에서 논다
- 골든타임
- 닮은 미소
- 들깨를 털다
- 부드럽고 단단한 길
- 유년의 바다
- 치유의 시간

안녕, 나의 집

 간절히 기다린 봄비는 막차를 탔는지 애간장을 다 녹이고 내렸다. 어쩜 무수히 흩뿌려진 허공의 말들을 잠재우려는 듯 시커멓게 그을린 산에도, 달아난 처마 귀퉁이 속에도, 깨어진 장독대 위에도 스며들고 파고들었다. 어제의 불길 속에서 살려낸 집을 천천히 바라보았다.
 가운데 우뚝 솟아 지지대 역할을 하는 대들보는 아버님과 증조부님이 먼 거리 발품을 팔아 좋다는 나무를 구해온 것이고, 새 단장하기 전 흙벽은 아버님이 손수 지으신 것이며, 쪽문에 붙인 입술 창은 창밖으로 오가는 이들의 하루를 소통하기 위한 것이다. 손때가 묻은 그 집에 오래된 추억과 시간이 멈춰버린 흔적을 안고 거기 내가 거닐고 있다.

그러고 보면 집은 나의 얼굴이요. 나의 숨결이 하나 하나 담겨 있는 나의 일기장이다. 세상이 나 몰라라 할 때도 헝클어진 모습대로 집은 그냥 나를 받아주고 안아주었다. 그래서 집으로 돌아오는 길은 멀어도 가깝게 오게 되는 것이다.

그날, 봄바람이 휘몰아치고 세상이 봄앓이를 할 때, 내가 사는 마을은 산불로 인해 불바다가 되었다. 산으로 산으로 옮겨붙은 불은 더 이상 태울 것이 없는지 방향을 바꾸어 옹기옹기 모여 사는 마을로 내려왔다. 재난 문자가 수차례 오고 마을 방송에서는 대피하라는 이장님의 다급한 목소리가 울리고, 잠시 문상을 갔다가 허겁지겁 집으로 돌아가는 길은 곳곳이 연기로 도시 전체가 갇혀 있었다. 도로에서 얼마 떨어지지 않은 마을이 불꽃놀이라도 하듯 대낮처럼 붉게 물들어 있었다.

'이러다간 집을 다 태우겠네.' 속으로 동동거리다가 약속이라도 한 듯 우리는 차에서 내려 집까지 뛰어갔다. 3년 전 악몽이 다시 살아나는 것 같았다. 그해에도 새벽이 채 오기도 전 옥계에서 넘어온 불로 온 동네가 발칵 뒤집혔었다. 아흔이 넘은 어머니를 모시고 옷가지 몇 벌 챙겨서 뒷산까지 내려온 불을 보며 허둥지둥 빠져나왔던 모습이 기억에서 사라지지 않는데 또 불이라니….

이미 소방차와 여러 대의 차들이 마을을 에워싸고 있어 들어갈 수 없었다. 논둑길 옆으로 불이 번져 바싹 마른 풀들은 불의 먹잇감처럼 퍼져 나갔다. 식구들은 필사적으로 집을 향해 다시 뛰어갔다. 위험하다고 사람들은 말렸지만 불타는 집을 보면서 그저 손 놓고 있을 수 없었다. 우선 물이 있는 곳마다 호스를 연결하여 불씨가 있는 곳에 뿌리며 호스를 끌고 이리저리 뛰어다녔다.

순식간에 바람을 타고 옆집에서 옮겨붙은 불은 오가는 나그네가 쉬어가는 사랑채 지붕을 태웠고, 뒤란에서 옮겨온 불꽃은 소가 살던 축사를 태웠다. 아이들이 물 호스를 연결하여 지붕으로 올라가고 나는 진정되지 않는 마음을 안고 축사에 물을 뿌려댔다. 어찌 된 일인지 불꽃은 사라졌다 싶으면 다시 일어나고, 바닥에 납작 엎드렸다가 다시 일어나며 나를 혼란에 빠트렸다. 참말로 도깨비불이었다. 머리 위로 물주머니를 단 헬기가 또 어디론가 수없이 날아가고, 늦은 밤까지 소방차와 식구들은 집을 에워싸고 호스를 들고 언제 끝이 날지 모르는 불과 줄다리기를 하고 있었다. 고요하던 시골 밤은 달빛마저 이글이글 흔들거리며 불타고 있었다.

희뿌연 새벽이 오고 푸시시 불 꺼지는 소리가 여기

저기에서 들려왔다. 다행이라고 해야 할지 집을 구했다는 안도감에 움켜잡았던 호스를 바닥에 놓고 자리에 털썩 주저앉았다. 연극 같은 하루의 악몽이 지나갔다. 지붕에서, 담장 너머에서 밤을 꼴딱 새운 식구들이 새까만 얼굴로 땀범벅이 되어 한자리에 모였다.

집을 살려낸 일이 감사하지만, 내 집과 가까이 있던 몇 채의 집은 형체도 없이 타버리고 뼈대만 덩그러니 서 있는 모습에 가슴이 먹먹했다. 나무다리를 건너 초록 대문 그 집엔 목소리가 쩌렁쩌렁한 할머니가 계셨는데, 거기 샛길로 가면 노래를 잘 부르는 젊은 부부가 있었고, 대나무가 울창한 뒤란 집엔 노부부가 살았는데…. 모두 떠나고 잿더미가 되어버린 집터에는 하루 종일 까마귀만 울어댔다.

안녕, 나의 집.

며칠째 내린 봄비에 내 집은 잊어버릴 수 없는 상처를 씻어내며 단단하고 새롭게 다시 일어나 나와 함께 뚜벅뚜벅 걸어간다.

발에 대한 단상

 따뜻한 물을 받아 발을 씻는다. 긴 하루 동안 나의 몸을 지고 다녔던 빨갛게 부어오르고 갈라진 발이 물 속으로 잠긴다. 발은 물속에서 주인과 함께 갔던 기억들을 하나씩 벗겨내듯 물 위로 허연 유형들을 떠나보낸다. 나의 발을 보니 픽 웃음이 스쳐 간다.
 내 발은 참 못생기고 큰 편이다. 여자 발이 좀 앙증스럽고 예뻐야 할 텐데, 발이 크니 신발 가게에서 아름답고 화려한 신데렐라 신발들은 모두 발이 작은 사람들의 선택이고 무채색에 민무늬 신발들은 나처럼 발이 큰 사람의 몫이었다.

얼마 전, 남편과 산책을 하다가 신발 가게 유리 벽에 붙여진 점포 정리 문구가 눈에 확 들어왔다. 구두 하나 사달라고 남편을 졸랐더니 "신발 신고 도망갈까 봐 옛사람들은 아내에게 신발은 절대 사주지 않았다." 하면서도 신발 가게로 들어갔다. 키가 늘씬한 직원이 반갑게 맞았다. "음, 사모님, 이거 어떠세요. 요즘 핫한 구두입니다." 골라온 구두는 굽이 높은 검정색에 흰 진주가 박혀 있었다. 예쁘다. 그러나 발이 들어가지 않았다. "저기, 좀 더 큰 치수는 없나요?" 주위 눈치를 살피며 기어들어가는 목소리로 물었다. "어유, 생각보다 발이 크시네요. 고건 사이즈가 없네요." 아쉬웠지만 그래도 내친김에 서너 시간 발품을 팔아 핑크색 구두 하나를 골랐다. 울퉁불퉁한 내 발이 웬 호사인가 쳐다보는 것 같았다.

지난 뉴스에 세계적인 발레리나 발과 유명한 축구선

수의 발이 화면에 비쳤다. 도저히 사람의 발이라고 할 수 없을 정도로 굳은살에 물집이 빼곡히 박혀 있었다. 발이 그 정도로 될 때까지 얼마나 많은 연습과 시련을 거쳤을까? 생각하니 못생겼다고 핀잔만 준 나의 발에게 한없이 미안해진다.

발은 그 사람의 삶을 대신해 준다. 하루도 허투루 살지 않았던 엄마는 가족의 먹을거리를 위해 먼 길을 다녀온 날은 벌겋게 갈라진 발을 꺼내 밤새 부항을 뜨거나 촛농을 녹여 발 위에 붓기 일쑤였다. 화면에서 본 유명인의 발과 다를 바가 없었다. 어린 나이에 이불 속에서 얼굴을 내밀고 엄마의 발은 왜 저렇게 생겼을까 물끄러미 쳐다보면 "괜찮아, 아직은 견딜 만해. 그래도 불평 없이 따라와 주는 발이 있어 괜찮아." 엄마는 촛농의 고약한 냄새를 풍기며 괜찮다고만 했다. 그 발이 나를 있게 해주었던 것은 오랜 시간이 지나고야 알게 되었다.

발은 하루 종일 서서 일하는 노동자의 튼튼한 밑천

이 되어주기도 하고, 주인이 이끄는 대로 말없이 약속 장소로 데려다주기도 한다. 가끔 흙탕물을 밟아도, 발바닥이 아프도록 걸어도 그저 순종하며 묵묵히 갈 뿐이다.

주인은 어디를 다녀왔는지 기억이 희미해도 발은 하나씩하나씩 각질을 벗겨내듯 기억이 선명하다. 자신의 주장을 할 수 없는 발은 생각이 시키는 대로 가장 낮은 곳에서 스스로를 추스르며 나를 지키며 함께 간다.

아무도 알아주지 않아도 나와 함께하는 발에게 오늘은 고마움을 전해본다.

봄을 만지다

　맨몸으로 하늘을 이고 섰던 서서나무들 속에서도 물이 오르며 막 태어난 새순이 하늘을 향해 꽃불처럼 피어나고 있다.
　봄은 쩍 갈라지는 얼음장에서도 서서히 가슴 미어지게 오기도 하고, 설렁설렁 개 짖는 소리에 저만큼 돌아보면 어느새 눈앞에 와락 다가오기도 한다. 전에도 만난 적 없는 바이러스로 세상은 뒤엉켜 있지만 봄은 기다려도 기다리지 않아도 생명의 신호를 보내며 다시 피어난다.

 오늘은 음악 테라피 명상 치료가 있는 날이다. 치료사는 몸의 회복뿐 아니라 마음의 회복도 중요하다며 시간이 될 때 해보라고 권했다. 거리는 온통 마스크 행렬로 물결을 이루고, 병원에 들어서자 창구마다 환자들의 행렬이 다시 물결을 이룬다. 안내 창구에는 저마다 사연을 담은 쪽지들이 안내자의 손에서 환자의 손으로 건너가고 쪽지를 든 환자들은 기억을 놓칠세라 자신의 방을 찾아간다.

 접수하러 간 남편을 기다리는데, 휠체어에 나이 지긋한 여인을 태운 한 남자가 힘겹게 병원 문을 밀치며 들어온다. 아내인지 자주 머리를 쓸어주고 흘러내린 담요를 덮어준다. 그 남자도 줄이 끝날 것 같지 않은 창구에서 번호표를 뽑고 한 손으로 휠체어를 움켜잡고 엉거주춤 서 있다. 대한민국의 남자, 남편 그에게 지어진 또 다른 모습의 이름들이 고단한 어깨 위로 지나간다.

남편의 이름 앞에도 늘 수식어처럼 따라다니는 명칭이 있다. 밤새워 카뮈를 이야기하고 릴케의 인생을 흠모했던 그는 학교를 졸업하고 고향으로 내려가 글을 쓰며 살고 싶다고 했다. 끼니보다 글 쓴다는 달콤한 이야기가 좋아 덜컥 결혼을 해버렸다. 그러나 그는 꿈을 접고 부모가 있는 고향에서 공무원이 되었다.

25시를 사는 남편은 반백이 된 어머니의 그림자가 되어 태초의 아들로 돌아간다. 몸과 마음이 어린 양이 된 어머니 옆에서 말 들어주는 시간이 늘어났다. 어머니는 어제 한 이야기를 새로운 듯 낯설게 말씀하신다. 그 이야기를 들어주던 남편은 뜬눈으로 종종 새벽달과 마주해도 오늘 일용할 양식을 위해 다시 고요한 일터로 돌아간다.

가끔 화투와 노는 어머니는 우산을 든 손님 그림이 나오면 비가 오니 우산을 들고 출근하라고 남편에게 이른다. 새소리가 마당 가득하고 초록 하늘이 무화과나무에 걸려 있어도 남편은 낡은 우산을 꺼내 들고 나선다. 부러질지언정 휘어지지 못하는 칼날 같은 성품도 허리를 굽혀야 하는 사회에서 이리 밀리고 저리 밀려서 개혁을 해보겠다는 꿈을 조금씩 접었다.

문학을 사랑하는 남편의 머리에도 어느새 희끗 눈이 내린다. "당신 멋대로 하고 싶은 대로 좀 살아봐요." 그에게 던진 한마디는 어쩌면 나에게 하고 있는 메아리인지도 모를 일이다. 그때마다 남편은 쓸쓸히 웃으며 신발 끈을 고쳐 매고 잡초 무성한 그 길을 또다시 걸어간다.

봄빛이 쏟아지던 날 30년 열정과 청춘을 바친 곳에서 늦은 승진 소식이 날아왔지만, 남편은 어제와 다름없이 오래된 신발 끈을 다시 매고 아무런 요동 없이 갈 뿐이다.

매일 만나는 지하철 역사 출입구에는 어느 시인의 글귀가 가지런히 서 있다. "그러니 그대 사라지지 말아라. 인간은 신비고 삶은 기적이며 희망은 불멸이다." 겨울이 추운 것은 땅속 깊이 내린 뿌리가 몸살을 앓으면서 봄을 준비하기 위함이다.

  휠체어를 밀고 가는 그 남자도 그의 아내도, 아침마다 안녕이라고 손 흔드는 나의 어머니도, 다시 새날처럼 봄이 오듯이 기적 같은 하루하루를 살아낼 일이다.

  접수를 마친 남편이 저만치에서 뚜벅뚜벅 걸어온다. 굽어진 어깨 위로 봄 햇살이 내려앉는다. 부풀어 오를 것 같은 그 봄을 슬며시 만져본다.

도서관에서 논다

 도서관은 재미있다. 도서관은 즐겁다. 그래서 나는 짬이 나면 도서관으로 놀러 간다. 오늘 어떤 이야기들이 나를 기다리고 있나 설레는 마음으로 도서관에 간다. 해야 할 숙제도 없고, 준비해야 할 시험도 없다. 그럼에도 불구하고 도서관으로 간다. 약속 시간 틈이 조금 있을 때나 일할 시간이 아직 남아 있을 때, 차 한잔 들고 빼곡히 차 있는 서가를 휘익 둘러보면 왠지 포만감이 느껴지듯 푸근하고 기분이 좋아진다.

신간 코너에 이제 막 세수하고 나온 작품을 만난다. 낯익은 작가의 작품은 반가워서 읽게 되고, 낯선 작가의 작품은 궁금해서 읽게 된다. 고즈넉한 여행을 끝내고 돌아오면 적당한 긴장감이 시장기를 알린다. 가끔 소풍 기분을 내며 벤치에서 먹는 도시락 맛도 도서관에서 노는 재미 중 하나다. 텃밭에서 수확한 오이, 상추 등 푸성귀를 펼쳐 놓고 파란 하늘 위로 떠다니는 구름과 그늘을 만들어주는 등나무와 솔솔바람을 나의 식탁에 단골손님으로 초대한다.

다양한 풍경들이 도서관에서 노는 나를 백배 즐기게 한다. 엄마를 따라 뒤뚱뒤뚱 도서관 문을 밀고 들어오는 아이들. 조그마한 손으로 그림책을 펴고 엎드려 발장난을 치며 책과 노는 모습이 싱긋 미소 짓게 한다. 공무원 시험 준비로 열공 중인 K군의 모습도 가슴 뭉클하게 한다. 초등학교 평교사로 정년퇴임한 70대 노년의 책 읽는 뒷모습도 나를 감동하게 한다. "아침에 아내에게 점심값을 받아 도서관에서 책 읽고

설렁탕 한 그릇 사 먹고 오후엔 센터에서 열리는 교양강좌 강의 듣고 집으로 간다."라며 허허 웃는 노인의 모습이 참 멋있어 보인다. 가끔 전시회나 체험 학습이 열리는 날에는 운 좋게 도서나 체험 작품을 받아 온다며 좋아하신다.

도서관 즐기기를 떠올리면 빛바랜 풍경 하나가 기억난다. 오래전 일이다. 초등학교 고학년쯤 보이는 남자아이가 자전거를 타고 도서관에 왔다. 자전거 뒤에는 도시락이 매달려 있었다. 아이는 아동실에서 열심히 책을 읽다가 점심시간이 조금 지나면 도시락을 들고 벤치로 갔다. 그 모습이 신선하고 신기해 보여서 나도 덩달아 도시락을 챙겨 그 아이를 따라갔다. "안녕, 점심 같이 먹을래?" 아이가 고개를 끄덕였고 나는 도시락을 풀었다. 우리는 풀밭을 뛰놀듯 젓가락을 왔다 갔다 하며 도시락을 먹었다.

아이가 주섬주섬 말을 꺼냈다. "엄마는 식당을 하시고 학원 가는 것이 싫어서 대신 도서관에서 책을 읽다가 퇴근하는 엄마와 집에 가요."라고 했다. 참 기특하고 마음이 예뻐 보였다. 그 아이를 후에도 두어 번 도서관에서 만났는데 여전히 책 읽기 삼매경에 젖어 있었다.

시간이 잊힐 즈음 좋은 대학에 갔다는 이야기가 바람을 타고 전해왔다. 나는 절로 고개가 끄덕여지며 이제 청년이 된 아이의 해맑은 미소를 떠올려 본다. 그 아이도 일찍 도서관으로 놀러 다니지 않았을까. 도시락을 매어 달고 도서관에 놀러온 그 아이의 미래가 생각하는 대로 마음먹은 대로 꿈의 나래가 활짝 펼쳐졌으면 좋겠다.

골든타임

−그대에게 온 황금의 시간

 6월의 후덥덥한 바람이 등줄기를 타고 내려온다. 땀범벅 얼굴이 나 아닌 타인이 되어 내게 걸어온다. 거인 그림자 같은 병원의 병동들은 저녁 불빛을 밝히고 교대 근무자와 인사를 나눈 후 새로운 시작을 알린다. 중환자실 면회를 기다리며 1층에서 7층까지 계단을 오르다가 내려오다가 몇 번을 세다가 다시 잊었다가 얼마를 오르락거렸을까. 수술실 불이 켜지고 침상에 그가 누워서 실려 나온다. 손을 흔든다. "나, 괜찮아." 나도 흔들었다 "나도 괜찮아요." 순간이 스윽 스쳐가고 그는 중환자실로 빨려 들어갔다.

담당 의사의 호출에 아득한 정신이 깨어났다. "천만다행입니다. 시간을 놓치지 않아서 시술 잘 되었고, 막혔던 혈관은 스텐트로 연결되어 이제 며칠 두고 보면서 회복만 기다리면 됩니다." 그래도 인정 많은 의사 같다. 내가 떨고 있는 것을 직감했는지 차근차근 수술 경과를 호전적으로 설명해 주었다.

'급성심근경색'이 남편의 병명이다. 처음 들어보는 병명이다. 이 병이 '억' 하다가 '악' 간다는 병이다. 미리 예후가 없다. 남편이 그랬다. 아찔했던 순간이 뱀 꼬리가 되어 내 목에 감긴다. 나도 목이 탔다. 바로 몇 시간 전 순간의 일들이 눈앞에서 꽁무니를 빼고 아무 일 없다는 듯이 달아나려고 한다.

오후 일정을 끝내고 큰아이 엄마들의 모임이 있는 날이라 조금 시간 여유가 있었다. 저녁을 먹고 오겠노라고 남편에게 미리 기별을 두고 약속 장소로 천천히 걸음을 옮겼다. 쳇바퀴 돌던 하루를 내려놓고 오늘은 마음껏 수다라도 떨 요량이라 마음이 가벼웠다. 좋은 일 있으면 서로 축하해 주고 걱정거리는 서로 내어놓고 나누기도 한 것이 벌써 20여 년 가까이 되어 간다.

새로 문을 연 식당은 손님이 많은지 번호표를 받아서 기다리는 사람도 있었다. 실내는 깔끔했고 음식은 윤기가 흐르는 듯 가지런히 진열되어 있었다. 살짝 콧노래를 흥얼거리며 접시에 음식을 담는데 휴대폰이 주머니 속에서 요란히 울렸다. 음식 접시를 받쳐 들고 발신인을 보았다. 남편 번호다. 뭐지? 전화를 켜고 대뜸 "밥 먹고 간다고 했지요. 무슨 일인가요?" 상대 쪽에서 말이 없다. 잠시 후 다급한 울림이 전해왔다. 가슴 통증을 호소하는 남편의 목소리가 핸드폰 전체에서 울려졌다. 접시를 내팽개치고 한달음에 집으로 갔다.

119 구급차가 이미 대기 중이었고 헐레벌떡 다시 환자호송차에 오르자 차는 그대로 미끄러져 병원으로 향했다.

응급 호송이라는 팻말로 앰뷸런스 속에서 남편은 2시간 내내 고통을 호소했다. 그렇게 아파하는 남편을 처음 보았다. 내가 해줄 수 있는 일이 없었다. 남편의 손을 잡고 "조금만 가면 돼요."라고 수십 번 외치며 기도했다. 시간이 멈춘 듯 찰나에 일어난 일은 오지 않은 시간을 미리 다 써버린 것 같았다.

응급실에서 중환자실로 중환자실에서 일반병실로 돌아온 남편의 모습은 아무 일 없었던 것처럼 평온했다. "나 아무렇지 않으니 이제 집에 갑시다." 물에 빠진 사람 구해줬더니 보따리 내놓으라는 식이다. 그렇지, 그 급한 성질머리 어디 갈까. "당신, 좀 전에 미리 천국 갈 뻔했다구요. 환자는 의사의 지시를 따라야 한다구요." 가슴을 쓸어내리며 조용조용 달랬다.

"몸 관리 잘하고 운동 열심히 하시고, 특히 흡연은

지름길로 가니 절대 안 됩니다." 퇴원하는 날 의사의 엄격한 지시였다. 흡연하면 안 된다는 말이 내 귀에 탁 꽂혔다. 평생 피울 것 같은 담배 드디어 끊게 되는 구나. 나는 왠지 모를 안도와 미소가 살짝 지어졌다.

사실 병이 올 만도 할 것이다. 퇴직을 앞둔 남편은 얼마 전부터 인생 2모작에 대한 계획을 세우더니 부단히도 바쁘게 다녔다. 평소에 하지 못했던 과실수도 심어놓고는 온 열정과 정성을 쏟았다. 자신이 좋아하는 일도 넘치면 과유불급이라고 했던가. 병이 왔을 것이다.

아침마다 한 움큼의 약을 먹어야 하는 남편은 조금 신경질적이며 조금 조급하며 조금 허탈해하지만, 의사의 당부를 잘 지키며 회복하고 있다. 며칠 전 산책길에 골든타임이 뭘까. 내가 살짝 물었다. "말 그대로야. 황금의 시간이지. 지금 숨 쉬며 산책하는 시간. 나에게는 당신이 있는 시간이 황금의 시간이지."

누구에게나 황금의 시간은 올 것이다. 남편처럼 위

기의 순간을 놓치지 않은 것이 황금의 시간일 수도 있겠다. 나의 골든타임은 언제였을까. 어쩜 알아차리지 못한 채 수없이 지나간 것은 아닐까. 그때 저녁노을이 막 펼쳐지고 있었다.

닮은 미소

   몇 년 만에 다시 학교 문을 두드리면서 입학원서에 붙일 사진이 필요했다. 원체 정자세를 하고 찍은 증명사진이 낯선 터라 집 안에 사진이라 이름 붙인 것을 죄다 꺼내어 방 안 가득 펼쳐놓고 찾아보았으나 마땅치 않았다. 대개가 옆모습이거나 멀리서 배경을 중심으로 찍은 사진들이다.
   하는 수 없이 저녁 무렵이 되어 사진관을 찾았다. 내일 꼭 필요하니 오늘 사진을 찾았으면 좋겠다고 했더니 30분 정도 기다리면 나온다고 했다. 사진사가 시키는 대로 정해진 의자에 앉고 보니 내 남루함이 그대로 박혀 나올 사진이 못내 아쉬웠다.

'화장도 좀 하고, 옷도 좀 밝게 입고 올걸 그랬나. 머리라도 좀 깔끔하게 자르고 올걸.' 이럴 걸 저럴 걸 생각이 엇갈리는 사이에 사진사는 몇 번 셔터를 눌러대고 손놀림이 바빴다.

건네주는 차를 마시며 사진이 나오기를 기다리는 동안 다른 이들이 찍어놓고 간 사진첩을 펼쳐보았다. 하나같이 화려한 어느 연예인 못지않은 사진 속 모습들이 누군가를 향해 끊임없이 웃고 있었다.

"다 됐습니다, 자연스럽게 잘 나왔는데요."

기사가 건네준 사진을 보았다. 그 모습은 어제도 본 것 같은 낯설지 않은 모습이다. 누군가와 닮아 있었다. 입가에 조금 미소를 띠고 있는 작고 갸름한 얼굴 모습은 생전에 만난 듯한 어머니 모습이었다. 어머니와 가깝게 알고 지낸 사람들은 갈수록 내 얼굴이 어머니를 닮아간다고 했다. 엉켜 있던 아쉬운 마음이 사진 덕분에 가라앉는 기분이었다.

다음 날 원서를 제출하고 며칠 후 면접을 보러 오라는 통지를 받고 면접실 문을 열고 들어섰다, 면접관은 문학에 대한 몇 가지와 이런저런 질문을 하고 나서 한동안 원서에 붙인 사진과 나를 번갈아 보았다.

"이건 몇 년 전 사진인지 다르네요. 동생인가요?"

듣기에 나쁘지는 않았지만 나는 황망하여 본인이라고 거듭 말했다.

벌써 두 해 전 일이다. 다시 증명사진이 필요하여 예전에 갔던 사진관에서 몇 장 더 뽑을 요량으로 찾아갔더니 그 사진사는 예비군 훈련 가고 주인 아들이라는 젊은이가 있었다. 전에 찍은 필름은 아무리 찾아도 없으니 무료로 찍어주겠다고 했다. 조금 서운한 마음이 들었지만, 그냥 사진을 찍고 기다렸다. 잠시 후 컴퓨터에서 스르륵 빠져나온 사진을 건네받고 깜짝 놀랐다. 어느 낯선 중년 여인의 모습이 거기 버티고 있었다. 욕심이 가득한 볼. 부릅뜬 눈과 활활 타오르는 춤추는 파마머리. 이게 내 모습이란 말인가. 웃는 듯한 미소는 어디에도 찾아볼 수 없는 그저 현실과 팽팽히 줄다리기하는 고단한 모습만 있을 뿐이다. 그런데 분명 내 모습이다. 한참을 망설이다 사진은 가져가지만 그전에 찍은 필름을 다시 찾아 달라고 거듭 부탁하고 문을 열고 나왔다. 기다리던 연락은 오지 않았다.

  나는 지금 책상 위에 두 장의 사진을 놓고 번갈아 본다. 머리를 곱게 올리고 한복을 단아하게 입고 미소 짓는 어머니의 흑백사진 한 장과 자연에 순응하지 못하고 어딘가와 맞서 있는 냉랭함이 도는 사진 한 장을 깊이 들여다본다. 시간의 흐름 뒤로 펼쳐진 낯선 모습들은 나이기도 하고 내 안의 또 다른 나이기도 하다.

  시간이 지날수록 자신의 얼굴에 책임져야 한다는 것은 살아온 애틋한 질곡의 삶이 스스로 묻어나는 것이리라. 내가 어찌 살아왔는지 알 수 없지만 사진 속에는 보이지 않는 모습까지 보인다.

어머니를 닮아간다는 그 미소를 다시 찾을 수는 없을까. 생시에 본 듯 그 미소처럼, 옹크리고 팽팽히 잡았던 것들을 하나씩 하나씩 내어놓으면….

들깨를 털다

 드디어 오늘은 미루고 미루던 일을 할 모양이다. 남편은 이른 새벽부터 경운기에 기름칠을 하고 연장을 챙겨 담고 뒤란에서 덜그럭거리며 아침잠을 깨운다. 깨 여물기를 기다리다가는 익은 깨가 다 떨어질 것 같다며 며칠 전부터 구시렁거리던 말투를 뒷전으로 들었는데 아예 주위를 맴돌며 혼잣말로 소리친다.
 "혼자는 못하는데, 딱 2인 1조가 환상적인데, 당신이 베어놓은 깻단을 날라 오기만 하면 내가 다 할 수 있는데…."

"글쎄, 농사일은 서푼어치도 안돼서 괜히 일거리 만들 것 같아서 그러지요. 그래도 쓰겠다면 품삯은 두 배로 쳐 주세요."

그제야 안심이 되는지 남편의 연장 잡은 손놀림이 빨라진다. 단잠을 뒤로하고 창문을 연다. 길섶으로 서 있는 감나무가 하늘 도화지에 주홍빛 물감을 흘리고 있다.

지난여름 옥수수를 걷어낸 작은 밭에 들깨를 심었다. 서로 출퇴근하는 입장이라 시간을 낼 수 없어 우리는 꼬박 일주일에 거쳐서 새벽 한 시간, 저녁 한 시간 꼬물꼬물 키워낸 들깨 모종을 옮겨 심었다. 식물에도 암수가 있듯이 부부가 함께해야 할 일이 참 많았다. 모종 기계로 구덩이를 만들면 나는 옆에서 깨 모종 한 잎씩 쏙 넣었다. 흙이 둔덕을 만들면서 심어지는 것이 신기해서 재밌다고 했더니, 해 질 녘 달이 쑥 올라올 때까지 일을 한 적도 있었다.

심어놓은 모종을 아침저녁으로 바라보니 쑥쑥 자라는 것이 여간 신비롭지 않았다. 그때마다 남편은 무슨 생물학자처럼 연한 연두 잎이 진한 초록색으로 변했다가 초롱 집 안에 하얀 들깨가 모이고 잎이 떨어지고 까맣게 익으면, 그때가 추수 때라고 사설을 풀어 놓았다. 깨가 잘되면 누나네도 준다고 한껏 어깨에 힘을 주었다.

  그런데 자연은 인간의 계획에 맞추지 않는다. 자연의 섭리대로 갈 뿐이다. 누군가가 말한 평범한 진리는 어긋난 적 없듯이 서너 번의 태풍과 오래 내린 비로 자라던 깨는 성장을 멈춘 듯 더 자라지 않고 익어야 하는 계절이 오자 그대로 작은 들깨가 달려버렸다. 초롱불처럼 생긴 꽃 집 안에 까만 깨들이 종종 달려 있는 것이 마치 작은 집 안에 흥부네 식구들이 꼭꼭 박혀 있는 것 같았다. 농사가 잘 안 되었다는 남편의 한숨과는 달리 처음 보는 풍경들이 나에게는 아름답기만 했다.

그래도 수확해 보자는 남편의 출발 소리와 함께 선수들이 뛰어나가듯 여기저기 베어놓은 단을 안고 뛰듯이 날라다 주었다. 남편은 윙윙 돌아가는 기계 속에 단을 올려놓았다. 한편에는 들깨가 쏟아지고 한편으로는 쭉정이들이 쓸려 나왔다. 예전에는 도리깨로 일일이 두드려서 깨를 털었다며 오래된 농사꾼처럼 재빠르게 기계를 움직였다. 언제 날아왔는지 쌓아놓은 쭉정이 위로 동네 새들의 잔치가 펼쳐졌다.

"이만하면 그래도 일 년은 먹을 수 있겠는데, 헛농사는 아니네."

"당신의 정성이 하늘에 닿은 거지. 일용할 양식을 주신 거야."

어느새 자루 속에 까만 깨알들이 쏟아져 나와 제법 묵직해졌다. 지나는 바람에 땀을 식히며 얼마 전 읽었던 김준태 시인의 〈참깨를 털면서〉를 흥얼거렸다.

산그늘 내린 밭 귀퉁이에서 할머니와 참깨를 턴다.

보아하니 할머니는 슬슬 막대기질을 하지만
　　어두워지기 전에 집으로 돌아가고 싶은 젊은 나는
　　한 번을 내리치는 데도 힘을 더한다.
　　세상사에는 흔한 맛보기가 어려운 쾌감이
　　참깨를 털어대는 일엔 희한하게 있는 것 같다.
　　(중략)

"이 시에 나오는 할머니는 당신이고, 빨리 끝내려는 젊은이는 나지요. 세상에서 맛보기 어려운 쾌감. 나도 들깨를 털어 내며 그 쾌감을 맛본 것 같아요."

오랜만에 경쟁과 욕심을 밀어내고 민낯으로 자연 앞에 서본다. 자연도 수고로움에 대한 값으로 추수라는 선물을 안겨주었다.

"오늘 품삯으로 들깨를 드립니다. 어때요?"

남편의 그을린 얼굴 위로 풍성한 가을 햇살이 웃고 있었다.

부드럽고 단단한 길

어쩌다 그 책이 내게 왔을까.

오랜만에 만난 파란 하늘. 그 위로 동글동글 떠다니는 구름들. 잠시 쉼표를 찍기 위해 찾아든 책이 《철학 카페에서 시 읽기》다 언젠가 펼쳤다가 철학을 모른다는 핑계로 구석진 책장에 넣어두었다가 끄집어내기를 몇 번 해본다. 저자는 "철학은 누구나 알 수 있는 것인데 아무도 다음 장을 열지 않고 그 용어가 어렵다고 덮어버리기 때문에 가까이하기에 어렵다."라고 한다.

그래서 펼쳐본다. 다시 읽는다. 9편으로 나누어 둔 시와 철학 이야기는 시가 가지고 있는 상징적 의미를 인간과 사랑, 자연, 행복, 재앙, 죽음 등의 도구를 사용하여 철학적 의미로 풀어놓았다. 달달한 사랑의 시로 이야기의 막이 오르지만, '외로워야 사람이다.'라고 소리치기 시작한다. 소비사회에서 어떻게 행복을 가꾸어 나갈 수 있는지 헤세의 시 〈행복이라는 것〉에 질문을 던졌다가, 위험한 사회에서 살아가기 위해서는 이상의 시 〈오감도〉에서 '길은 막다른 골목이 적당하다.'고 무거운 어깨 위로 소낙비 내리듯 쏟아붓는다.

젊은 날 학부 편집부에서 봉사하는 친구를 졸졸 따라다닌 적이 있었다. 밤새워 시를 읽으며 이해도 되지 않는 그 시가 마냥 좋아서 수첩이며 책 표지에 이리저리 옮겨 적으며, 몇 장씩 대필하여 학생들에게 나누어주기도 했다. 인연일까? 5편에서 그 시를 만났다. 문은 열려 있는데도 나는 자꾸 벽에 부딪히며 방황하여 길을 찾지 못했던 날. 풀잎 한 장 흔들지 않는 고요함

속에서도 흔들리며 이리저리 중심을 잡지 못했던 시간들…. 바람에 흔들려보고, 비에 젖어봐야 단단하고도 부드러워진다는 것을. 그때는 왜 알지 못했을까.

시간의 여유가 조금 생긴 남편은 지난해에 비워두었던 땅을 일구어 과실나무를 심었다. 좋은 묘목을 구하기 위해 시간을 마다하지 않고 먼 곳까지 가서 백 그루 넘게 묘목을 들여왔다. 틈만 나면 들여다보고 거름을 준다. 영양분을 준다. 풀을 뽑아준다. 하루를 온통 밭에서 보내는 시간도 있었다. 뙤약볕에서도 진실한 농부가 되어 나무 아래서 하루해를 보냈다.

흐뭇한 마음으로 열매 열릴 날만 기다리는데 시간이 지나도 열매는 아니 열리고 나무만 무성하게 자랐다. 어깨가 축 늘어져 상심하는 그에게 다가가 말했다.

"첫술에 배부르지 않아. 단단하게 서기 위해서 비바람도 만나고 몸살이를 하느라 더딘 거지. 기다려 봐."

지렁이 한 마리 보고도 소스라치는 내가 꽤 아는 척 한마디 거들었다.

"그렇기는 한데, 뭐가 문제라서 열매를 안 보여주는 건지…."

말끝을 흐리며 고심을 떨치지 못한다. 먼 길을 돌아왔지만 나는 다시 마음을 고쳐 매며 철학 카페에서 만난 시를 꺼내 본다.

> 흔들리지 않고 피는 꽃이 어디 있으랴
> 이 세상 그 어떤 아름다운 꽃들도
> 다 흔들리며 피었나니
> 흔들리면서 줄기를 곧게 세웠나니
> (중략)

비 온 뒤에 땅이 굳듯이 흔들리는 것을 두려워하지 말아야겠다. 세찬 바람을 온몸에 받은 나무는 줄기를 곧게 내리듯 남편이 심은 나무도 단단하게 뿌리를 내려 푸르게 익어가리라.

유년의 바다

한복집에 들렀다가 유리 진열장에 가지런히 놓인 고무신을 보았다. 비단으로 둘러싸인 색색깔 신발들은 고무신이라 하기엔 너무 화려하여 눈이 부실 정도였다. 동화 속에 나오는 공주가 신을 수 있는 신발 같았다.

한쪽 귀퉁이에 아무런 장식이 없는 흰 고무신 한 켤레가 눈에 띄어 꺼내보았다. 무심코 뒤축을 접어 보았다. 그런데 물렁물렁하리라고 생각했던 고무가 딱딱한 철판처럼 접혀지지 않았다.

"손님, 그렇게 하면 신발 망가져요."

다른 쪽에서 한복을 선보이고 있던 아가씨가 기겁하면서 손사래를 쳤다. 난 겸연쩍어하면서 그 고무신을 다시 진열장에 넣었지만, 마음 한쪽에서는 고무신 한 짝이 둥둥 떠내려가고 있었다.

오징어가 지천이던 그해 여름. 이 집 저 집 할 것 없이 펄펄 뛰는 오징어를 지게나 수레에 넘치도록 싣고 집으로 날랐다. 마당이 넓었던 우리 집은 늘 아버지가 잡아 올린 오징어 비린내가 떠나지 않았다. 해가 동그랗게 올라오면 동네 아낙들이 하나, 둘 모여들어 산더미같이 쏟아 놓은 오징어 더미에 둘러앉아 오징어를 해부했다. 배를 가르고, 내장을 꺼내고 처참히 수술을 마치고 나오면 한쪽에선 물세례로 깨끗이 단장을 시켜 하늘 위로 흔들거리는 긴 장대에 줄을 엮어 오징어를 걸쳐놓았다. 오징어는 공중에 매달린 곡예사처럼 펄럭펄럭 바람에 몸을 맡기며 춤을 추곤 했다.

아낙들의 틈바구니 옆에서 난 유일한 장난감인 아버지의 고무신 한 짝에 미끈한 오징어 한 마리 넣어 배처럼 밀고 놀았다. 그것도 서서히 싫증이 나면 동네 아이들과 대문 앞 냇가로 내려갔다. 사실 말이 냇가요 작은 도랑인 그곳은 우리들의 놀이터요 보물 창고였다.

  물맷돌을 모아 둑을 쌓고 물을 가두어 큰 웅덩이를 만들면 너 나 할 것 없이 집에서 들고 나온 고무신으로 뒤축을 꺾어 배를 만들어 띄웠다. 힘이 제일 세었던 옆집에 살던 아이는 늘 까만 고무신을 가져왔는데 물 위에 올려놓기 무섭게 가라앉아 우린 "배에 물이 찼다."라고 소리 지르면서 두 손을 오므려 퍼내기도 했다. 혜순이가 들고 온 엄마 고무신은 앞 코가 오똑 솟아 앙증맞았고 가벼워서 살랑살랑 잘도 떠다녔다. 나는 늘 아버지 고무신을 들고 갔는데 그때마다 엄마의 불호령이 떨어졌지만 꿋꿋이 옷 속에 감추고 가서 개선장군처럼 아버지 고무신 한 짝을 내려놓았다. "와, 크다."면서 아이들은 함성을 지르며 입김을 불어 보내기도 하고 물살을 터주기도 했다. 그러다 가끔 운이 좋으면 고철이나 동전을 주워 고무신 배에 싣기도 하고 저녁 해가 내려앉으면 만선의 기쁨으로 돌아오곤 했다.

그런데 재미난 시간을 채워주며 장난감 역할을 했던 그 고무신을 더 이상 가질 수 없는 일이 생겨버렸다. 한여름 긴 해가 머리 위에 동그랗게 떠 있던 그날, 우리는 김칫국에 밥 말아 점심 한 그릇 얼른 해치우고 약속이나 한 듯 고무신 한 짝씩 들고 도랑에 다시 모였다. "자, 오늘은 제일 먼저 도착한 고무신 배에다 금딱지 붙여주기 하자." 그 소리가 떨어지기 무섭게 누군가가 '준비 땅'을 외쳤고, 다섯 명의 아이는 제각각 가져온 고무신 뒤축을 꺾어 물 위에 올리고 도착점에 뛰어가 고무신을 기다렸다.

무릎까지 찰랑찰랑한 도랑물을 헤치며 목적지에서 고무신이 내려오길 기다리는데 위에서 아버지의 고무신이 흔들흔들 춤추며 내려오고 있었다. 그 뒤로 바짝 혜순이 엄마 코고무신도 내려오고, 물을 꼴깍꼴깍 먹으면서도 가라앉지 않는 아이의 검정 고무신도 내려오고 있었다. 내 것이 일등이라고 나는 속으로 박수를 치며 조금만 더 가까이 오기를 기다렸다. 이때다 싶어 손을 뻗어 아버지 고무신을 잡는 순간, 물살이 한 번 휘이익 돌더니 내 가랑이 사이로 슬러덩 빠져나가는 것이 아닌가! "어, 어. 내 고무신 떠내려간다."라고 소리를 지르며 물속 전쟁이라도 일어난 듯 첨벙첨벙 뛰어갔으나 고무신은 내 눈앞에서 동동동 내려갔다. 물자갈에 넘어져 무릎에서 벌건 피가 후드득 떨어져 물속에 선혈을 그어도 멈추지 않고 뛰어갔지만, 고무신은 더 이상 따라 올 수 없을 만큼 급물살을 타고 떠내려갔다. 순식간에 벌어진 풍경에 아이들은 슬금슬금 내 눈치를 보며 자기 고무신을 들고 하나, 둘 돌아갔고, 갑자기 찾아온 허탈감과 무서움에 나는 도랑에 걸터앉아 하염없이 울었다.

"자, 이거 갖고 가라."

우리 집 옆에 사는 그 애는 눈물범벅이 된 내 얼굴

을 빤히 보더니 자기 검정 고무신을 내 앞에 놓고 꽁지가 안 보일 정도로 달려갔다.

그날 저녁 방문 앞에 걸린 싸리 회초리는 내 종아리가 붉은 태양처럼 부풀어 오를 때까지 춤추었고, 내 유년의 놀이터도 거기서 끝나버렸다. 쪽마루 위에서 온 태양을 받고 잘 말려진 희고 흰 아버지 고무신 한쪽은 어느 날부터 보이지 않았고 마루 한쪽은 휑하니 바람만 머물다 갔다.

유년의 기억 속에서 커다랗게 자리했던 아버지 고무신 배는 어느 바다에서 바람을 타고 흐르다 닻을 내렸을까. 세상과 단절된 고단한 짐들을 하나하나 내려놓은 아버지 기억 속에도 고무신 배는 바다로 출렁이며 어디쯤에서 만선의 기쁨으로 다시 돌아오리라. 그날 그 애가 던져놓고 간 주름진 검정 고무신도 흐린 기억 속에서 사라졌다 떠오르는데….

치유의 시간

　예술제에서 축시 낭송을 했다. 약간 친분이 있는 분이 와서 "마음이 찡했다."라고 한마디 던지고 지나갔다. 별로 말을 섞지 않는 독특하고 과묵한 분이라 처음에는 약간 의아했다. 그래도 핀잔을 듣지 않아 다행이었다. 낭송의 순간들을 떠올리면 많은 그림이 눈앞에 그려졌다.
　처음 낭송이 내게 온 것은 이미 30년 전이다. 그때 〈재능교육〉과 〈한국일보〉 주관으로 전국 시 낭송대회를 펼쳤다. 시골까지 소식이 흘러왔다. 시 읽기를 좋아하지만 낭송을 배워본 적은 없었다. 마음속에 꿈틀거리는 것에 이끌려 무작정 신청을 하고 났더니 지역 예선전에서 최우수상을 받았다.

예선을 통과한 사람만이 전국대회에 참가할 수 있다고 하니 산 넘어 산이다. '지금이라도 포기할까. 대단한 이들이 올 텐데 창피라도 떨면 어쩌나.' 이런저런 생각이 들다가 그래도 도전하고 싶었다. 계속 시를 읽고 낭송할 수 있는지 나의 점검이 필요했다.

그런데 걸림돌이 생겼다. 대회 보름 전 병이 났다. 몸 안 어딘가에 작은 혹이 생겨 서울 종합병원에 입원하여 수술을 했다. 예상하지 못한 일이 스르륵 침입하여 몸도 마음도 오그라들었다. 전국적으로 내린 폭설로 새해를 병원에서 보내며 대회 삼 일 전 퇴원을 했다.

여전히 갈등이 내 머리꼭지에서 맴돌았다. 아무에게도 알리지 않으려고 했지만 결국 태백에 있는 친구에게 도움을 청했다. 한복을 가져오기로 한 친구와 청량리역에서 만나기로 하고 나는 결혼식이 있다고 둘러대고 서울로 갔다. 절대 안정해야 한다는 남편의 잔소리를 뒤로하고 열차를 타고 청량리로 향했다. 그때 나에게 그런 용기가 어디서 나왔는지는 알 수 없다. 그저 '가야겠다'는 생각밖에는….

청량리역에서 만난 친구와 서울에서 김서방 찾기 식으로 물어물어 대회가 열리는 곳을 찾아갔다. 전국에서 예선 통과한 20명의 참가자가 번호표를 달고 기다리고 있었다. 놀라운 광경은 모두 우아한 드레스와 한복을 입었는데 어느 파티장에 와 있는 것 같았다. 친구가 내민 색동 한복을 입었다. 낯선 이방인같이 촌스러웠지만, 함께 와준 친구가 고마워서 아무 말도 하지 못했다. 이름을 부르면 무대에 올라가 자신이 준비한 시를 암송하는 것이었다. 순서가 가까워질수록 심장이 요동치며 떨렸다. 몇몇 참가자가 문장을 잊어버리는 난감한 상황을 보자 마음이 더 쪼그라들었다. 친구가 어깨를 토닥이며 무언의 응원을 해주었다. 내 번호를 불렸다. 길게 심호흡하고 이수익 님의 〈우울한 샹송〉을 낭송했다. 어찌했는지는 기억나지 않는다. 다만 수많은 눈동자가 뚫어질 듯 나를 바라보고 있었던 것 같다. 무대를 내려오는데 다리에 힘이 빠졌다. 겨우 자리에 앉고 보니 박수 소리가 귓전에 맴돌았다. 친구가 너무 잘했다고 손을 잡아주었다.

은상을 수상했다. 낭송가 증서와 빛나는 시상품을 받았다. 심사위원이시던 시인 조병화 선생님이 정말 좋은 음색과 목소리를 가지고 있다며 계속 발전시키라는 격려를 해주셨다. 친구를 얼싸안고 찔끔 눈물을 흘렸다.

내려오는 열차 안은 올라갈 때와 다르게 들뜬 마음이었다. 몸 어딘가의 통증들이 잠시 쉬고 있는 듯 고요했다. 어쩌면 이 통증들을 잊기 위하여 또 다른 문을 두드렸는지도 모를 일이다. 출판회, 개관식 등 다양한 행사에서 낭송을 했다. 동해시에 어머니 시사랑회라는 단체를 발족하여 시 낭송을 지금까지 이어오고 있다.

잊을 수 없는 또 다른 낭송은 K병동에서 환우들과의 낭송이었다. 매달 한 번씩 만나 시를 읽어주면 환우들이 시를 따라 읽거나, 자신의 자작시를 가져와 낭독하기도 했다. 그 시간이 참 좋았다. 무엇을 내세우지 않아도 되었다. 그저 마음이 따뜻해지고, 시 한 줄의 평화와 평온이 머물다 가는 시간이었다. 꽤 여러 해를 환우들에게 시 읽어주는 봉사를 했다.

한 편의 시를 소리 내어 읊어본다. 처음 시를 마주 대하면 눈으로 읽고, 머리로 풍경을 그리며 읽는다. 다음은 눈을 감고 가슴으로 읽는다. 어느새 생시에 만난 적 없던 시인의 모습이, 시인의 마음이 내게로 전해온다. 때로는 전율을 느끼기도 하고 때로는 시인이 그랬듯이 펑펑 울어보기도 한다. 시인의 집을 넘나들기도 하고 수십 번 읽고 담금질하며 시인의 고뇌를 따라가 보기도 한다.

"낭송을 듣는 내내 참 행복했습니다. 그 시를 저도

참 좋아합니다."

 들은 이가 인사를 건네고 가는 날은 나의 상처도 하나씩 아물어 가고, 어느덧 낭송은 치유의 시간이며 위로의 시간이 된다.

■작품 해설

진솔한 삶이 육화된 언어의 집

_권석순 (문학박사)

| 작품 해설 |

진솔한 삶이 육화된 언어의 집

권석순
(문학박사)

1. 프롤로그

　수필은 자기의 모습을 스스로 비춰보는 거울과 같다. 이는 수필이 다른 장르에 비해, 보다 개성적이며 자기 고백적인 성격이 강한 장르임을 강조하는 말이다. 비록 개인사적인 문제를 가지고 글이 출발하였다 해도, 그것을 통해 인간의 보편적 속성을 발견하고 새로운 가치 발견의 견인차가 된다면, 결코 흠이 될 수는 없다.

수필은 학식이나 식견을 갖추었어도 인간적인 면모를 지니고 있지 않으면 쉽게 쓸 수 없는 글이다. 전경애의 수필집 《가나다 한글 교실》이 많은 사람의 긍정적 호응 속에서 주목받을 만한 이유는, 누구보다도 열심히 살아가는 심성의 소유자라는 인상이 작품에서 드러나기 때문이다. 그뿐만 아니라 작품 속에 번뜩이는 시성(詩性)과 간결한 문장이 가독성을 높이고 있음도 간과할 수 없다.

2. '만남'과 '느림'의 미학

먼저 수필집에서 전경애의 정신세계가 지향하는 '만남'의 세계를 들여다보기로 한다. 그녀는 작가, 시낭송가, 문해교사로서 다양한 사람들과의 만남을 가졌다. 그녀가 살아온 삶의 궤적을 따라가 보면, 이제야 비로소 첫 수필집을 상재할 정도로 절대 서두르지 않는 성품임을 짐작할 수 있다. 사람은 누구나 만남과 헤어짐을 거듭하며 살아간다. 만남 뒤에 따르는 기쁨과 슬픔으로 가슴앓이할 때도 있다. 만남을 통해서 살아가야 할 이유를 찾는가 하면, 만남으로 인해 죽음을 맛보는 사람들도 있다. 만남 뒤에 오는 이별, 이별 뒤에 오는 만남, 그 처연(凄然) 속에서도 만남의 궁극적인 목적은 '사랑'이다.

나는 고향을 잠시 떠나 있을 때 같은 뜻을 가진 청년들과 '해우촌'이라는 문학 동아리를 만들어 한 달에 한 번 만나곤 했다. 타지에서 생활하던 후배 영균, 태석이도 학기가 끝난 방학이면 합류했고, 지금 나와 35년을 살고 있는 남편도 함께했다. 또 몇몇 젊은이들이 모였는데, 그때 키가 훤칠하고 약간 이국적으로 생긴 눈이 맑은 동민이가 끼어 있었다.
- 〈해우촌 동민이〉 중에서

전경애에게 만남의 징검다리는 풋풋한 20대에 활동한 '해우촌'이라는 문학 동아리이다. 문학의 시발점에서 배우자를 만나 "20대 젊음은 밤을 새워가며 빈곤

했던 우리의 문학 양식을 쌓아갔다."고, 그녀는 〈해우촌 동민이〉에서 고백한다. 그러고 보면, 20대에 출발한 전경애의 문학은 60대에 이르러 40년 동안 켜켜이 쌓아 숙성시켜 놓았던 작품들을 이제야 한 권의 수필집으로 세상에 내놓은 셈이다.

세상에 존재하는 것은 모두 끈으로 엮이듯 부모와 자식 간의 사랑 역시 가족이라는 끈으로 엮여 있다. 작가 전경애는 타인과 연을 맺어 그 사랑을 이어가는 과정뿐만 아니라, 부모 형제와의 사랑도 여실히 보여준다. 이는 〈아버지를 추억하다〉에서 드러난다.

바다는 아버지의 그림자였다. 아버지는 그림자와 함께 쏟아지는 태양을 이고 먹이를 기다리는 갈매기와 몇 날을 시름하며 바다 위에 던져졌다. 던져놓은 그물을 건져 올리며 분노하는 바다와 실랑이를 하다가도 제풀에 지치면 그림자는 어느새 아버지의 곁에 돌아와 누웠다.(중략)
"좁은 곳에 있지 말고 멀리 나가거라."
그날 아버지는 자고 있는 식구들을 깨워 마지막 시위를

하듯 결연한 말을 쏟아내고 뿌연 해무를 헤치고 걸어나가셨다. 그래서일까. 우리는 이를 악물고 화려한 도시를 꿈꾸었기에 아무도 아버지의 뜻을 저버리지 않았고, 바다를 두고 아버지를 두고 멀리 떠났다.
- 〈아버지를 추억하다〉 중에서

아버지에 대한 그리움으로 가득한 그 마그마는 전경애의 정신세계를 온전히 지배했으므로, 태풍이 불어오듯 글을 쓴 게 아닐까. 그래서 그녀의 삶은 깊은 곳으로 침잠되며 정관(靜觀)의 세계로 인도되어 가는 양상이다. 전경애는 묵호의 항구가 있는 마을에서 태어나고 자랐다. 이는 〈유년의 바다〉에서 화자가 "우리 집은 늘 아버지가 잡아 올린 오징어 비린내가 떠나지 않았다."고 토로한 부분에서 명확히 드러난다. 바다에 던져놓은 "그물을 건져 올리며" 파도와 싸우는 어부이면서도 자식만은 대처(大處)로 나가기를 바랐던 "아버지". 전경애가 수필가로서 든든히 뿌리 내리려고 한 이유도 그 뜻에 부합하려는 데 있진 않았을까.

3. 삶의 실체, 가나다 교실

전경애는 삶과 부딪치며 또 하나의 실체와 마주 서게 된다. 그것은 바로 교육자의 길이다. 문해교육 현장에 뛰어들 채비였을까. 그녀는 강릉원주대 대학원 국어국문학과에서 수학(受學)할 정도로 학구적이었다. 문해력은 단지 글자를 보고 읽는 능력에 그치는 게 아니라 문장을 실제로 이해하는 능력을 말한다. 하지만, 작가는 《가나다 한글 교실》에서 늦깎이 학습자들의 문해 능력을 키우는 선행(先行)으로 이들의 사정을 먼저 이해하고 도우려는 마음을 드러내고 있다.

"새댁, 이거 좀 써 주게. 글씨가 작아서 안 보이네."
은행에 통장을 만들러 갔다가 만난 분이다. 돈을 찾는 것 같아서 계좌 번호와 금액을 써드렸더니 연신 고맙다고 했다. 나도 깨알 글씨는 눈이 침침하여 안경을 써야 할 형편이니 많이 답답하겠다는 생각이 들었다.(중략)
그 어머니를 다시 만난 것은 여름이 슬슬 꽁무니를 빼고 달아날 때쯤이다. 방학을 끝내고 2학기를 개학하면서 교실에 갔더니 그 어머니가 수줍은 듯 웃고 있었다.
- 〈가나다 한글 교실 1〉 중에서

학습자로 다시 만난 사람은 작중 화자가 "배우고 싶으면 여기로 오세요." 하고 적어준 전화번호를 건네받았던 장본인이다. 살아내기 위한 사회생활에서 은행 업무마저 제대로 볼 수 없었던 학습자는 학습 참여를 통해 자신의 새로운 능력을 발견하고 자기 변화를 꾀하려고 시도한다. 이는 학습자에게 자신이 살아온 삶에 대한 긍정적 인정을 통해 미래의 성장 가능성을 찾아주려는 작가의 배려인 셈이다.

60대에서 80대에 이르는 어머니들은 매일 한두 시간씩 먼 거리를 걸어서 학습관에 오는 늦깎이 학생들이다. 몇 년 전 처음 만났을 때의 일이 아직도 머릿속에서 맴돈다. 학교에 다니지 못한 사연도 각양각색이었다. 동생을 돌봐야 하고, 전쟁이 터지고, 가난해서 학교는 엄두도 못 냈다는 어머니들. 자신의 속내를 이야기하면서도 그 시절로 다시 돌아가고 싶지 않아서 기억 하고 싶지 않다고 했다.

그런데 아직도 기억 저편에 남아 있는 한마디가 부메랑이 되어 내게 꽂혀왔다.

"책이 밥 먹여주냐? 너는 맏이여. 집안 건사를 해야지."

하늘 같은 부모 말에 순종하느라 학교에 못 갔고, 그래서 배우지 못했던 분들. 그분들이 이제 행복한 세상이 무엇인지 알고 싶어 두터운 문을 열고 세상 밖으로 나왔다. 지금 소원이 있다면 책을 줄줄 읽고 이야기도 재미나게 써보는 것이라고 했다.

- 〈가나다 한글 교실 2〉 중에서

60~80대의 늦깎이 학습자들은 아들딸 차별이 심했던 시대에 태어난 여성들이다. 이 작품 속에서는 그들의 하소연에 일일이 귀 기울이는 작가의 고운 심성이 다분히 묻어난다. 나이 들어 공부는 왜 하냐고들 하지만, 학습자들은 공부하면서 그동안 모르던 것들을 해낼 수 있게 되었고, 할 수 있다는 자신감도 생겼으리라. 사회생활을 하면서 학력으로 인해 겪었던 창피함과 불편함을 해소하고 더 당당해지기를, 더 좋은 일을

하며 살아가기를 바라는 작가의 마음을 《가나다 한글 교실》에서 엿볼 수 있다.

4. '자연'을 통한 자아 확인

그리스어로 자연은 '피시스(Physis)'이며, '태어나다'라는 동사에서 유래되어 '생성'을 의미한다. 이는 인간도 역시 생명을 지닌 자연으로 존재함을 말하는 듯하다. 물론 자연은 우리 인간에게 희망과 용기와 재생의 의미를 주는 우호적인 관계에 놓이기도 하고, 위협과 파괴의 적대관계를 형성하기도 한다. 하지만, 전경애 작품 속에서의 자연은 대체로 인간과 대립 관계가 아니라, 공존 관계에 놓여 있다. 자연은 인간을 포괄하면서 살아 있는 그대로의 자연으로 존재하는 양상이다.

맨몸으로 하늘을 이고 섰던 서서나무들 속에서도 물이 오르며 막 태어난 새순이 하늘을 향해 꽃불처럼 피어나고 있다.
봄은 쩍 갈라지는 얼음장에서도 서서히 가슴 미어지게

오기도 하고, 설렁설렁 개 짖는 소리에 저만큼 돌아보면 어느새 눈앞에 와락 다가오기도 한다. 전에도 만난 적 없는 바이러스로 세상은 뒤엉켜 있지만 봄은 기다려도 기다리지 않아도 생명의 신호를 보내며 다시 피어난다.
― 〈봄을 만지다〉 중에서

쑥국을 끓인다.
그 옛날 어머니가 그랬듯이, 생선과 쑥을 넣어 푹 끓인 국그릇을 앞에 놓고 인생의 전부를 자식에게 바친 고단했던 어머니를 위로하며 새로운 생명의 봄을 만나본다.
― 〈쑥국〉 중에서

〈봄을 만지다〉에서 화자는 자연을 통해 하나가 되고, 또한 그 너머에 존재하는 우주의 본질과 하나가 되는 방법을 영상 수필처럼 보여주고 있다. 이는 "새순이 하늘 향해 꽃불처럼 피어"나고 있는 형상에서 작가는 이미 언어를 통해 물아일체의 본질 세계와 접선할 수 있음을 예증하고 있다. 또한 〈쑥국〉에서는 생명을 준 어머니, 일생을 자식에게 바쳤던 어머니의 노고

가 자연을 객관적 상관물로서 위로를 전하고 있는 양상이다. 사람은 누구든지 자연의 고귀함에 고개 숙인다. 전경애도 역시 자연과 소중한 사람과의 만남을 화두로 삼고 있는 것이다.

　오랜만에 경쟁과 욕심을 밀어내고 민낯으로 자연 앞에 서본다. 자연도 수고로움에 대한 값으로 추수라는 선물을 안겨주었다.
　"오늘 품삯으로 들깨를 드립니다. 어때요?"
　남편의 그을린 얼굴 위로 풍성한 가을 햇살이 웃고 있었다.
　　　　　　　　　　　　　－〈들깨를 털다〉 중에서

　자연은 내가 조르지 않아도 이렇듯 작은 감동을 안겨준다. 먹거리로, 향기로, 빛깔로, 인간으로선 만들어 낼 수 없는 오묘함으로 다가온다. 세상은 믿는 자의 마음만큼 열려 있다는 것을 믿고 싶은 것이다. 나는 지금 그 빛깔과 향기를 잃지 않으려고 은근한 불 위에서 오디를 끓이고 또 끓이고 있다. 비록 형체는 없어져도 향기는 오래도록 기억하기 위해서다.

-〈오디를 따다〉 중에서

　작가 부부는 홀로 사는 시모(媤母)를 모시기 위해 '동해시 심곡동' 시골집에 임시 둥지를 틀었다. 주말이면 텃밭 가꾸기를 하는데, 〈들깨를 털다〉에서는 화자가 "추수"와 "선물"을 등가에 놓고 있다. 그들에게 선물은 곧 자연이다. "풍성한 가을 햇살"을 받으며 웃고 있는 부부의 모습이 밀레의 〈만종〉만큼이나 겸손하고 평화로운 정조(情操)를 불러일으키고 있다. 그리고 〈오디를 따다〉에서 화자는 자연의 순리를 따르며 자연의 오묘함에 감탄한다. 자연처럼 "빛깔과 향기를 잃지"않으려 하는 것은 인간이 자연에 대립하지 않고, 자연과 오래도록 함께 살아가기를 염원하는 태도라고 할 수 있다.

5. 문장으로 읽는 절제된 세련미

수필집 《가나다 한글 교실》의 백미는 역시 문장에서 발견된다. 수필은 비유와 유추의 문학이다. 모든 문학이 그러하듯, 수필도 함축의 묘미가 있어야 하기에 줄일 수 있을 때까지 줄여야 한다. 전경애의 수필은 한결같이 간결하면서도 힘 있는 주장으로 흐르고 있다. '나'에 대한 지나친 사변(思辨)과 변명으로 일관하지 않고, 숨 가쁘게 이어져 가는 만연체 문장도 아니다. 맛깔나지만 난삽하지 않은 언어를 선택하여 독자의 시선을 끌고 있다. 자연스러운 문맥의 흐름은 작품을 다 읽고 나서도 손에서 놓지 않은 듯한 여운을 남기고 있다.

파도가 살랑살랑 넘나들고 해안을 끼고 나란히 붙어 있는 집들은 정겹기만 하다. 지붕이 낮은 마을에 햇살이 가득 내려앉는다. 포구에는 긴 동면에 두텁게 묶어두었던 배들이 바닷길을 내고, 해진 그물을 기우느라 아내들의 손놀림이 바쁘다. 왠지 그의 얼굴에서도 다시 새봄을 만날 준비에 들떠 있고, 갈매기도 덩달아 기웃거리며 가슴을 연다.

- 〈봄마중〉 중에서

〈봄마중〉은 글의 품격을 떨어뜨리는 화려한 수사(修辭)를 늘어놓지 않았다. 그것에 맞는 묘사로 뜻을 정확하게 전달하고 있다. 비유와 시적 수사를 원용하면서, 허세로 보일 수 있는 형용사와 부사가 넘치지도 않았다. 부사 "살랑살랑", "나란히"뿐만 아니라, 형용사 "정겹다", "가득하다", "두텁다", "낮다"가 잘 어우러져 있다. 결코 현학적인 수사와 자신도 이해하지 못하는 관념들을 쏟아놓지 않는 것은 일련의 과정을 끊임없이 훈련해 온 작가의 노력으로 보인다.

한 편의 시를 소리 내어 읊어본다. 처음 시를 마주 대하면 눈으로 읽고, 머리로 풍경을 그리며 읽는다. 다음은 눈을 감고 가슴으로 읽는다. 어느새 생시에 만난 적 없던 시인의 모습이, 시인의 마음이 내게로 전해온다. 때로는 전율을 느끼기도 하고 때로는 시인이 그랬듯이 펑펑 울어 보기도 한다. 시인의 집을 넘나들기도 하고 수십 번 읽고 담금질하며 시인의 고뇌를 따라가 보기도 한다.
 "낭송을 듣는 내내 참 행복했습니다. 그 시를 저도 참 좋아합니다."
 들은 이가 인사를 건네고 가는 날은 나의 상처도 하나씩 아물어 가고, 어느덧 낭송은 치유의 시간이며 위로의 시간이 된다.
- 〈치유의 시간〉 중에서

 〈치유의 시간〉은 작가가 30년 전, 〈재능교육〉과 〈한국일보〉에서 공동으로 주관한 "전국 시 낭송대회"에 참가했던 체험을 소재로 한 수필이다. 화자는 이 대회에서 "은상"을 수상했으며, 심사위원이었던 "시인 조병화" 선생님의 격려에 "찔끔 눈물을 흘렸다."라고 고백하고 있다. 산문이면서도 수다스럽거나 장황하지 않고 시적 리듬을 살린 함축적인 문장은 작가 자신이 시 낭송가이기에 가능하지 않았을까. 글은 자신의 생각을 담아내어 남과 공유하는 것이므로, 자기성찰이 있다면, 좋은 글은 저절로 다가오게 된다. 이처럼 편안하면서도 절제된 세련미를 내뿜고 있는 문장은, 시 낭송을 하며 "치유의 시간"을 즐기는 작가의 심성과 관련된 것으로 여겨진다.

6. 에필로그

수필은 자아와 끊임없이 부딪히는 대상에 대한 감상을 진솔하게 묘사하는 문학이다. 이에 따라 수필집 《가나다 한글 교실》에서도 작가는 자신을 꾸밈없이 솔직하게 드러내고 있는데, 이는 작가가 수필에서 가장 중시되는 '덕성(德性)'을 지녔기 때문이다.

물론, 삶에 대한 이야기가 녹아 있는 수필은 다른 장르보다 작품과 저자에 대한 관심이 높은 것이 사실이다. 다른 장르에서의 '나'는 단순한 '화자(話者)'로 보는 경향이 있지만, 수필의 경우에는 '작가'로 보는 경향이 우세하기 때문이다. 이에 작가는 자신과 자신의 생각을 제3자의 입장에서 바라보고, 그를 통해 스스로 겸허해지기 위한 수단으로서의 글쓰기를 계속해 왔음을 작품을 통해 보여주고 있다. 그러고 보면, 전경애의 글쓰기는 창작 그 자체가 아니라 어쩌면 자신이 추구하는 세계와의 연결고리일지도 모르겠다.